한국 경제의 미래에 대한 질문과 답은
재벌 3세에게 있다.
오늘부터
한국 경제를 이야기할 때
재벌 3세를 놓치면 안 된다.

재벌 3세

한국 경제의 또 다른 거대한 문

재벌 3세

| 홍성추 지음 |

Made in 재벌 3세
머리부터 발끝까지 그들이 만든 제품으로 채워질 것이다!

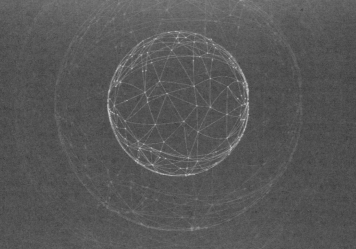

BM 황금부엉이

재벌 3세에 주목해야 하는 이유

몇 년 전부터 재벌가의 움직임이 분주해졌다. 재벌 3세들이 그룹의 주력 사업을 맡거나 신(新)성장 동력을 위한 신사업 진출을 진두지휘하고 있기 때문이다. 재벌 3세가 그룹의 얼굴로 등장하기 시작한 것이다. 동시에 재벌 2세에서 3세로 경영권을 넘기기 위한 물밑 작업도 한창이다.

:: 재벌, 우리나라에만 있다 ::

재벌(財閥)은 '재력 있는 집안(문벌)'이라는 의미의 말이다. 거대 자본을 가진 혈연으로 이뤄진 기업체군 또는 대규모 기업 집단을 말한다. 사실 '재벌'은 우리나라에만 있는 단어다.《옥스퍼드 사전》에도 우리가 발음하는 대로 'chaebol(재벌)'이라고 등재되어 있다.

또한 '한국 대기업의 한 형태, 특히 가족 소유의 것'이라고 정의되어 있다. 즉, 업종이 다른 여러 계열사를 갖고 있는데 각 계열사를 관리하는 경영자들 위에 단 1명의 회장이 그룹 전체를 경영하는 체제를 말한다. 또한 경영권이 회장의 2세나 3세에게 승계되는 구조를 갖고 있다.

기업이 아무리 크고 계열사가 아무리 많아도 결국 회장 집안에서 관리하기 때문에 부(富)와 권력은 외부로 흘러나가지 않고 자연스럽게 집안의 후손에게 승계된다.

물론 외국에도 기업을 소유하고 있는 가문(집안)은 많다. 세계적으로 인정받는 글로벌 기업의 수장들도 우리나라보다 외국이 훨씬 많다. 하지만 유독 '재벌'이 우리나라에만 있는 이유는 대(代)를 이어 소유와 경영을 함께 하고 있는 독특한 경영 구조 때문이다.

다른 나라의 경우 창업주의 2세, 3세로 내려가면 전문 경영인이 경영을 한다. 창업자의 자손들은 대주주로서 지분만 갖고 있을 뿐 경영에 관여하지 않는다. 그런 반면, 우리나라의 재벌은 창업자의 후손들이 소유와 경영을 함께 하고 있다.

:: 새로운 귀족 ::

한국전쟁 후 지금까지 열심히 살아온 사람들에게 성장의 과실을 독식하는 것 같은 재벌은 부러운 대상인 동시에 시기의 대상이다.

이중적인 잣대로 받아들여지는 것이다. 왜 이렇게 이중적인 잣대로 받아들여지는 것일까? 재벌이 하나의 계급이 됐기 때문이다.

재벌은 단순히 돈이 많다고 되는 것이 아니다. 소수의 집안이 몇 대에 걸쳐 기업의 소유와 경영을 이어오면서 재벌들만의 문화가 형성되었다. 의식주에서부터 교육, 그리고 향유하는 문화는 일반인과 상당히 차이가 난다. 이런 차이 때문에 일반인은 재벌들이 누리는 그들만의 문화에 동경을 갖고 있다. 사실 우리가 갖고 있는 재벌에 대한 부러움과 시기의 시선은 '동경'에서 비롯된 것이다.

과거 동경의 시선으로 바라보던 계급이 바로 양반(계급)이었다. 양반은 토지를 기반으로 한 '부(富)'를 대대손손 이어가며 소작농 등의 고용인을 통해 부를 확장시켰다는 점에서 오늘의 재벌과 비슷하다. 또한 부를 기반으로 그들만이 받을 수 있는 고급 교육을 받고, 이를 바탕으로 정보와 권력을 독점할 수 있는 자리에 올랐다는 점도 비슷하다. 이뿐만 아니라 양반 계급이 누렸던 고급스러운 의식주와 향유하는 물질 등의 귀족성에 기반한 '그들만의 문화'는 지금 재벌에게 똑같이 적용되고 있다. 즉, 지금 우리 사회에 있어 재벌은 조선시대 양반 계급의 붕괴 이후 한동안 사라졌던 '신(新) 귀족의 탄생'이라고 할 수 있다.

사라진 줄 알았던 계급의 차이가 재벌가에 의해 다시 생겨난 현실을 확인했으니 부러운 동시에 시기심이 생기는 것도 이해가 된다.

일반인들의 삶과는 너무나 동떨어진 재벌들의 부와 권력, 그리고 문화를 그들만의 것이라고 인정할 수 있다. 그런데 그것이 한국 경제에 미치는 영향이 너무나 크다.

한보그룹과 대우그룹이 부도날 때 우리나라 경제는 심각한 타격을 받았다. 해당 기업에 근무하는 임직원들은 하루아침에 직장을 잃었고 협력회사들은 줄줄이 부도를 맞았다. 외환위기 당시에는 그룹의 부도가 대외신용도의 급격한 하락까지 불러 국가 경제에도 막대한 손실을 불러 일으켰다. 재벌에 문제가 생기면 단순히 재벌 하나의 문제로 끝나지 않는 것이다. 이러한 위험은 예나 지금이나 바뀌지 않았다.

그렇게 위험하기도 한 재벌들이 이제 또 한 번의 전환기를 맞고 있다. 재벌 2세에서 3세로 기업의 승계가 진행되고 있는 것이다. 이런 모습들을 보며 우려를 떨쳐 버리기 힘들다.

사실 2세로 승계될 때만 해도 이런 우려는 상대적으로 심하지 않았다. 2세는 창업주가 그룹을 일구는 것을 곁에서 지켜보며 눈으로 익히고 몸으로 뛴 경우가 많았기 때문이다. 그룹의 성장과 발전을 함께 만들어왔기에 그룹 총수에 오른 후에도 별 탈 없이 잘 이끌 것이라는 신뢰가 어느 정도 있었다.

하지만 재벌 3세는 다르다. 2세와는 달리 어릴 때부터 '도련님',

'아가씨' 소리를 듣고 온갖 특혜를 누리며 살기만 했다. 또한 기업 경영과는 거리를 둔 채, 유학 등의 시간을 거치며 한국의 사회, 경제 전반에 대해 익숙하지 않다. 그렇게 재벌가 자제로서 권리는 누렸으나 보여줘야 할 경영 실적은 아직 소식이 없다.

한 일간지의 조사에 따르면, 국내 15개 주요 그룹의 재벌 3세 중 28명은 평균 27.8세에 입사해서 불과 31.2세에 기업의 별이라는 임원이 된 것으로 밝혀졌다. 입사부터 임원 선임까지 불과 3년의 시간밖에 걸리지 않은 것이다. 대졸 신입사원이 임원으로 승진할 때까지 22년 이상 걸린 것을 생각하면 재벌 3세는 입사하자마자 임원이 된 것이나 다름없다.

또한 재벌 3세가 기업에서 갖고 있는 권력은 무소불위다. 입사 후 바로 임원이 되고 차후에 오너가 될 이들에게 바른 말을 해줄 사람은 없다고 봐야 한다. 말 한마디면 자신의 목을 칠 수 있는 오너의 자제에게 직언을 할 임원이 과연 몇이나 될까?

이런 재벌 3세가 그룹의 총수가 되었을 때 그룹이 지금과 같은, 아니 지금보다 더 나은 성과를 보여줄 수 있다고는 그 누구도 자신 있게 대답할 수 없다.

:: 재벌 3세를 더욱 지켜봐야 한다 ::

재벌 3세에 대한 우려 때문인지 많은 사람이 재벌 3세가 기업을 승계하는 것에 대해 부정적이다. 경제개혁연구소가 리서치 앤 리서치에 의뢰해 전국 성인 남녀 1,500명을 대상으로 한 조사결과를 보면, 재벌 2, 3세로의 경영권 승계에 대해 '부정적으로 본다'라는 의견이 54.8%로 '긍정적으로 본다(34.4%)'보다 많았다. 부정적으로 보는 이유는 '재벌 개혁과 경제민주화에 역행한다'는 의견이 39.6%, '경영권 승계 과정이 불공정하다'는 의견이 25.2%를 차지했다.

이제는 재벌 3세의 경영 승계에 대한 부정적인 시선을 너머 3세가 어떻게 경영할 것인가에 관심을 갖고 지켜봐야 할 때가 되었다.

영국 주간지 〈이코노미스트〉가 2011년 한 재벌 3세의 승진을 두고 다음과 같이 말했다.

비즈니스 감각을 갖췄다면 괜찮다. 아니라면 한국 전체
가 고통을 겪을 수 있다.

그렇다. 재벌 3세가 어떻게 기업을 이끌고 경영하는가에 따라 한국 전체가 고통을 겪을 수 있다. 그래서 재벌 3세가 어떻게 기업을 경영할 것인지 두 눈을 부릅뜨고 지켜봐야 한다. 그것이 우리나라 경제를 지키는 길이고, 재벌 기업과 그 협력회사에 근무하는 근로자의 삶을 지키는 방법이다.

이 책은 필자가 〈조선일보〉의 「프리미엄 조선」에 연재한 '홍성

추의 재벌가 인사이드'와 각종 매체에 기고했던 글을 바탕으로 집필했다. 앞으로 대한민국 경제를 움직일 재벌 3세를 제대로 만나는 시간이 되길 바란다.

차례

재벌, 누구인가?

전 세계에서 유일하게 우리나라에만 있는 '재벌'. 소유와 경영을 분리하는 외국 기업과 달리 창업주의 후손들이 소유는 물론 경영까지 관여하는 이 재벌이 우리나라에 등장한 배경과 그 뿌리를 따라 올라가본다.

재벌의 성장 ① 멈추지 않은 도전정신

해방 후 모든 걸 처음부터 다시 만들어야 했던 상황이 지금의 재벌을 만든 토대가 되었다. 그 토대에 '노력'이라는 기둥을 제대로 세운 기업인들이 재벌의 창업주로 역사에 남았다.

우리나라의 재벌은 유래를 찾아보기 힘들 정도로 급속하게 성장했다. 처음에는 하나의 기업으로 출발했지만 불과 몇십 년 사이에 다양한 업종의 사업군으로 진출하면서 거대한 집단이 되었다.

이처럼 빠른 시간 안에 기업 하나가 다양한 계열사를 거느리게 된 데에는 해방과 한국전쟁을 거치며 모든 걸 새로 만들어야 했던 시대적 상황이 한몫을 했다. 또한 정부 주도형 경제개발계획에 따라 사업의 태동부터 성장까지 일사천리로 진행된 영향도 크다.

재벌의 형성에 큰 영향을 미친 것이 바로 귀속재산의 분배였다. 해방 후 미군정청(美軍政廳)은 일제시대 때 일본 기업들이 가지고 있던 기업 자산이나 외국의 원조물자들을 적산(敵産) 또는 귀속재산(歸屬財産)이라는 이름으로 사람들에게 불하(拂下)를 해줬다. 불하는 국가나 공공단체의 재산을 민간에 팔아넘긴다는 말로, 실제 가격보다 상당히 싼 가격에 판매되는 것이 특징이다. 그때 귀속재산을 접수한 이들이 바로 신흥 기업인들이었다.

자산을 불하받은 기업인들은 자산 총액의 10%만 지불하고, 나머지는 15년 안에 갚는 파격적인 특혜를 입었다. 당시 인플레이션이 600%에 달했으므로 거의 무상으로 지급받는 것이나 다름없었다.[1]

그렇게 받아 지금의 기반을 만든 재벌의 사례는 다양하다. 삼성그룹의 이병철 전 회장은 미쓰코시백화점 경성점을 불하받아 신세계백화점으로 발전시켰다. 한화그룹을 세운 김종희 전 회장은 조선유지 인천공장(조선화약공판)을 불하받아 한화그룹 성장의 기반을 만들었으며, 두산그룹의 박두병 회장은 소화기린맥주 관리인으로 있다가 이를 불하받아 두산그룹으로 성장시켰다. 현재의 동양시멘트도 오노다시멘트 삼척공장을 이양구 전 회장이 불하받으면서 탄생되었다. 설탕, 밀가루와 같은 기초 생필품의 수입이나 금융 특혜 역시 이런 식으로 이뤄졌다.

미군정청과 가깝거나 고향이 특정하다거나 아는 사람이 있으면 불하를 받고, 이를 바탕으로 기업을 일구고 재벌이 되는 토대를 닦은 것이다. 정당하지 못한 뒷거래를 일컫는 '사바사바'*라는 말이 이 시기에 유행어처럼 번져 나갔다.

:: 창업주의 남다른 혜안 ::

설령 귀속재산 불하를 통해 시작했다고 하나 창업주의 노력 없이 거대한 기업군과 부를 이루는 것은 불가능하다. 기업을 성장시키고 발전시키는 과정에서 숱한 좌절과 고생은 당연했다.

'하늘이 내린 경영인'이라는 부러움을 샀던 삼성그룹의 이병철 전 회장조차 1937년에 중일전쟁이 터지자 동업자들과 함께 운영하던 협동정미소를 고스란히 일본에 바쳤다. 뺏겼다는 말이 맞을 것이다. 일본이 전쟁과 함께 쌀 배급제를 실시하고 은행 대출을 전면적으로 규제해 자금줄이 꽁꽁 묶여버렸기 때문이다.

놀라운 일은 이병철 전 회장의 다음 선택이었다. 남자치고는 여린 체격에다 젊어서부터 풍류를 즐기며 부잣집 도련님으로 아쉬움 없이 살아오던 이병철 전 회장은 홀연히 모든 것을 떨쳐버린 채 만주, 상해, 북경으로 갔다.

당시 중국의 각 지방은 지금 우리가 생각하는 것처럼 안정적이지 않았다. 치열한 국공내전과 난징대학살, 본격적인 일본 침략 때문에 말 그대로 전쟁터와 마찬가지였다. 그래도 이병철 전 회장은 별다른 동행 없이 전쟁터 같은 지역을 둘러보며 과연 어떤 사업을 다시 시

---

* '사바'는 일본어로 고등어(さば)를 의미한다. 과거 일본에서 고등어는 귀한 생선이었다. 한 일본인이 나무통에 고등어 두 마리를 담아 관청에 일을 부탁하러 갔다. 다른 한 사람이 뭐냐고 묻자 "사바를 갖고 관청으로 간다"라고 했는데 그 말이 와전되어 지금의 '사바사바'로 굳어졌다고 한다.

작하면 실패 없이 성공할 수 있는지 배포 좋게 살펴보기 시작했다.[2]

귀국한 이병철 전 회장은 곧장 대구에 있는 서문시장으로 향했다. 서문시장은 당시 경부선 철도와 국도 등이 인접한 교통의 중심지에 위치해 상업의 중심지로 각광받던 곳이다. 서문시장 한쪽에 '삼성상회'라는 간판을 내걸고 무역업을 시작했다. 그때가 1938년이었다.

대구 근교의 청과물과 동해안에서 나는 건어물을 모아 직접 눈으로 보고 온 만주, 북경 등으로 수출했다. 그뿐 아니라 건물 1층에 밀가루를 만드는 제분기와 면을 만드는 제면기까지 갖춰 놓고 국수 만드는 가게를 열었다. 그때 만든 국수가 '별표국수'였는데 바로 이것이 삼성그룹 최초의 제조업이다.

삼성상회를 통해 돈을 제법 모은 이병철 전 회장은 해방 후에는 기업으로 사회적 부를 이룬다는 의미의 '사업보국(事業報國)'을 다짐했다. 그리고 서울 종로 2가에 오늘날 삼성물산의 전신인 삼성물산공사를 세웠다. 재봉틀, 실, 바늘, 설탕 등의 다양한 제품을 수입해서 국내 시장에 보급하는 회사였다. 회사는 설립한 이후부터 놀라운 속도로 성장해 국내 무역업체 7위에 오를 정도였다.

시련은 또 찾아왔다. 한국전쟁으로 모든 재산을 잃어버린 것이다. 그러나 이병철 전 회장은 시련에 굴하지 않고 전쟁 중이었지만 부산에서 삼성물산을 차렸다. 전쟁 속에서 모든 것이 부족한 상황은 사업적으로는 호재였다. 삼성물산은 눈 깜짝할 사이에 60억 원을 보유하는 대기업으로 성장했다.[3]

이 돈을 바탕으로 이병철 전 회장은 미래에 투자하기 시작했다. 다른 나라에서 수입해오던 제품을 직접 제조하기로 생각한 것이다. 첫 번째는 설탕 생산이었다.

1953년 제일제당을 설립한 후 설탕 생산에 들어갔다. 이듬해인 1954년에는 제일모직을 설립하여 직물산업에 도전했다. 제일제당과 제일모직이 성공을 거두자 이병철 전 회장은 더 큰 미래를 그렸다. 바로 전자제품 생산이었다. 결국 1972년 전자제품 생산까지 성공하며 '삼성'의 이름을 성공의 대명사로 만들어냈다.

:: 다른 재벌과는 다른 시작, 현대 ::

모든 재벌이 불하를 통해 출발한 것은 아니다. 기업인들이 최고의 어록으로 뽑은 "이봐, 해봤어?"의 주인공인 정주영 전 회장은 밑바닥부터 주춧돌을 올리며 재벌의 기초를 만들어 나갔다.

정주영 전 회장은 흔히 일자무식에 가난한 집 장남으로만 알려져 있지만 꼭 그런 것만도 아니다. 그는 고향인 강원도 통천구 아산리에서 송전소학교를 졸업한 두 사람 중 하나였다. 겨우 초등학교만 마친 것으로 생각되지만 당시만 해도 초등학교 졸업은 하급 공무원까지는 어렵지 않게 할 수 있는 학력이었다. 게다가 어려서부터 할아버지에게 한자를 배워《논어》,《중용》을 능숙하게 읽었으며 주산, 부기학원도 다녀 장부 정리까지 깔끔하게 할 수 있었다.

하지만 이런 정주영 전 회장도 가난을 피해갈 수는 없었다. 6남 2녀 중 장남으로 아무리 열심히 일해봐야 콩죽밖에는 먹을 수 없는 형편임을 감지한 그는 네 번이나 가출해 막노동에 뛰어 들었다. 인천 부두와 안암동 고려대학교(당시 보성전문학교) 신축공사장이 그가 일한 곳이었다.

19살이 되던 1934년에 쌀가게의 배달부로 취직했다. 배달이 끝난 뒤에도 장부 정리까지 하며 주인을 성심껏 돕자 인정받게 되었다. 그래서 여자에 미쳐 있던 주인의 아들 대신 쌀가게를 물려받아 경일상회로 이름을 바꾼 후 운영했다. 하지만 가게를 물려받은 지 2년 만인 1940년에 중일전쟁이 벌어지면서 쌀 배급제가 시작돼 가게를 정리해야 했다.

1940년에는 아도서비스를 인수했다. 자동차 수리공장인 아도서비스는 직원이 80명으로 늘어날 정도로 크게 번성했지만 화재가 일어나는 바람에 건물이 몽땅 타버렸다. 다행히 평소 그를 눈여겨 보던 후원인의 투자로 다시 사업을 시작했지만 1942년 5월 일제가 기업정리령을 내리면서 공장을 빼앗기게 된다.[4]

이와 같은 숱한 시련 속에서도 사업가 정주영은 포기하지 않았다. 1946년에는 현대자동차의 모체인 현대자동차공업사를 설립했다. 그리고 1950년 1월에는 현대토건과 현대자동차공업사를 합병시켜 현대건설을 설립했다.

정주영 전 회장이 건설업에 진출한 배경에는 사업가다운 예리한 혜안이 숨겨져 있었다. 현대자동차공업사를 찾는 손님 중에 건설업체 사장이 많았고, 은행에서 목돈을 대출하는 사람도 건설업체 사장이 많다는 사실을 눈여겨본 것이다. 실제로 정주영 전 회장은 현대토건을 설립해 엄청난 성공을 거둔다. 미군 통역장교로 근무하던 동생(정인영)의 도움을 받아 미군 숙소를 비롯해 한국전쟁 당시 미군이 발주한 공사를 싹쓸이 하다시피 했다.

전쟁이 끝난 후, 1952년 미국 아이젠하워 대통령의 방한을 앞두고 대통령 숙소 공사를 진행해 미군으로부터 "현다이, 넘버원!"이라는 칭송을 받는다. '안 되면 되게 하라'라는 현대(그룹) 스타일은 정주영 전 회장이 사업을 시작할 당시부터 뿌리내린 정신이다.

정주영 전 회장은 한 겨울에 미군으로부터 부산 유엔군 묘지를 새파란 잔디로 덮어달라는 요청을 받는다. 한겨울에 새파란 잔디를 덮으라는 것은 말이 안 되는, 할 수 없는 일이었다. 그러나 낙동강가의 보리를 생각해냈고 결국 낙동강가의 보리를 옮겨 심는 기지를 발휘했다. 이 일을 계기로 현대건설은 미 8군의 일을 독점하다시피 하게 됐다.[5]

한국전쟁으로 끊어진 제1 한강교 복구 공사가 1957년에 시행될 당시 현대건설은 공사비로 단돈 1천 환을 적어 주위를 놀라게 했다. 지금과 달리 당시에는 우리나라의 교량건설 기술이 낮았고 무엇보다 공사비가 무려 9억 8899만 환이나 들어가는 공사였기 때문이다. 주변에서는 현대건설과 정주영 회장이 공사를 포기할 것이라는 소문이 파다했다. 하지만 포기하지 않고 이뤄냈다.

1968년에 시작한 경부고속도로 공사 때 정주영 전 회장은 다른 인부들과 같이 현장에서 밤을 새웠다. 공사 도중에 갑자기 수맥이 터져 자갈, 진흙이 인부들과 정주영 전 회장을 덮치는 일도 있었지만 포기하지 않고 불도저처럼 도전한 결과, 불과 2년 반 만에 최저 비용으로 건설했다.

본격적으로 현대그룹의 틀을 만든 이후에도 모든 사람이 안 된다고 고개를 저었을 때마다 정주영 전 회장은 "이봐, 해봤어?"라고 되물으며 지금의 현대그룹을 이끌었다.

:: 한국 재벌의 출발선이 되다 ::

과거 정부의 적극적인 지원과 국민들의 성원에 힘입어 막강한 부를 축적한 재벌들이 요즘에는 말 안 듣는 아이처럼 엉뚱한 짓을 일삼아 빈축을 사고 있다. 국가 경제를 좌우할 정도로 힘이 커졌지만 일부 재벌은 부의 사회 환원에 관심이 없고 정치권력도 별로 두려워하지 않는다. 또한 수십~수백조 원을 사내 보유금으로 쌓아놨다는 소문이 파다하지만 정주영 전 회장처럼 새로운 사업을 시작하거나 일자리를 늘리는 일에 관심을 두지 않아 문제다.

제1 한강교를 건설하며 고생했던 정주영 전 회장은 이 과정에서 쌓은 신뢰로 제2 한강교를 수주해 제1 한강교 건설의 손해를 보완

했다. 그리고 경부고속도로를 건설한 경험은 현대건설이 중동 진출을 하는 데 가장 큰 경험과 힘이 되었다. 이문을 남기는 장사치보다 멀리 크게 내다보는 사업가로서의 뛰어난 판단이었다.

정주영 전 회장의 500원짜리 지폐 한 장의 성공사례는 이미 많은 사람이 알고 있다. 정주영 전 회장은 아무리 설득해도 영국의 선박 컨설팅사의 회장 입에서 원하는 대답이 나오지 않자 500원짜리 지폐 하나를 꺼내 보여줬다(지금은 500원짜리가 동전이지만 당시에는 지폐였다).

"이것이 거북선입니다. 한국은 이미 영국보다 300년이나 앞선 1500년대에 철갑선을 만들었습니다. 산업화가 조금 늦어서 그렇지 선박 강국의 잠재력은 아직 살아 있습니다."

그러자 그 회장은 정주영 전 회장에게 악수를 청하며 이렇게 말했다.

"당신은 조상들에게 감사해야 합니다."

끊임없는 창업정신으로 새로운 기업을 하나하나 일구어낸 정주영 전 회장이야말로 이제 막 출발선에 서 있는 재벌 3세들이 마땅히 본받아야 할 큰 사람이다.

재벌의 성장 ② 땅에 공장을 만들다

'큰 부자는 하늘이 내고, 작은 부자는 부지런함이 만든다'는 말이 있다. 누구나 부자가 되기를 소망하지만 그만큼 부자가 되기란 어렵다는 의미다. 재벌의 창업주는 운과 열정, 이 2가지를 모두 갖췄다고 봐야 한다. 운도 따라줬고, 일을 만들어가는 부지런함도 상당했다. 출발은 미미했으나 나중은 창대한 재벌들의 성장을 살펴보자.

지금까지 역사를 보면, 청나라에 인삼을 팔아 거부가 된 임상옥과 7대를 이어 내려왔다는 경주 최 부자, 인근 100리에 굶어 죽는 사람이 없도록 구휼에 힘쓴 영천의 재령 이씨 문중과 화신백화점의 박흥식, 삼성그룹 이병철 전 회장, 현대그룹 정주영 전 회장, LG그룹 구인회 전 회장 등이 우리나라의 대표적인 부자이며 재벌들이다. 그렇다면 그들은 어떻게 부를 축적하고 기업을 일궈 재벌로 성장할 수 있었을까?

우리나라에서 부를 이루게 해준 첫 번째 수단은 역시 '땅'이다. 일제시대를 비롯해서 1950~1960년대만 해도 땅을 많이 가진 지주가 으뜸가는 부자였다. 하지만 이병철 전 회장, 구인회 전 회장, 허만정 전 회장 등은 땅에서 나는 곡식보다 공장에서 만들어지는 다양한 상품들이 더 큰 부를 가져다줄 것이라는 사실을 일찍 깨달았던 선각자들이었다.

GS그룹의 허만정 전 회장은 원래 경남 진주 지수면 승산마을에서 만석을 거두던 큰 부자였다. 그의 아버지인 허준은 근검절약해 마흔이 되기 전에 부자가 되었다. 승산마을은 구인회 전 회장이 태어난 곳이기도 하다. 두 집안은 같은 마을에 사는 이웃사촌이었다. 그리고 구인회 전 회장은 허만정 전 회장의 6촌인 허만식 씨의 장녀 허을수 씨와 결혼했다. 두 집안은 사돈지간이기도 한 것이다.

1929년 구인회 전 회장은 마을 사람들을 모아 석유, 비누, 광목 등의 생필품을 사고파는 지수협동조합을 만들었다. 일본인들이 생필품을 판매해 성공하자 물건을 직접 사고팔자는 생각에서였다. 지수협동조합을 통해 사업의 가능성을 확인한 구인회 전 회장은 1931년 경남 진주에 포목상인 '구인회상점'을 냈다. 여기서도 그의 사업 수단은 발휘되었다. 고객의 요청에 따라 고유한 무늬와 이름을 새겨주는 별색 맞춤 옷감이 크게 인기를 끌며 나날이 번창했다.

1945년 일본인들이 놓고 간 화학공장을 사들여 키운 것이 오늘날 LG그룹의 시작인 락희화학공업사이다. 구인회 전 회장이 사업에서 발군의 능력을 거두는 것을 본 허만정 전 회장은 1947년 아들인 허준구를 데리고 갔다.

"이보게, 인회. 자네가 장사 수완이 뛰어나지 않은가. 우리 셋째에게도 그 재주를 좀 알려주게."[6]

구인회 전 회장이 허만정 전 회장의 제안을 허락하자 아들 허준구는 영업담당 이사가 되어 구인회 전 회장으로부터 경영 수업을 받는다. 동시에 두 집안은 사돈관계에서 한발 더 나아가 락희그룹의 동업자가 되었다. 이때 맺은 구씨 가문의 사업 지분 65%, 허씨 가문 35%의 원칙은 50년 동안 유지되었다.

허만정 전 회장은 땅을 팔아 번 엄청난 돈을 투자했는데도 겸손하게 서로 화합하고 잘 융합할 것을 신신당부했다. 이 당부처럼 허준구 LG건설 명예회장은 구자경 LG그룹 명예회장보다 2살이나 위였고 회사 경력도 4년 이상이나 선배였지만 앞에 나서는 일 없이 깍듯하게 예우를 다했다고 한다. 허창수 GS그룹 회장 역시 동업관계 때에는 구본무 LG그룹 회장을 그림자처럼 수행하며 구 회장이 돋보일 수 있도록 최선의 노력을 다했다. 구본무 회장도 그룹의 중요 사항을 허창수 회장과 함께 보고받으며 허씨 가문이 맡은 재무와 영업 분야가 차질 없이 진행되도록 도왔다고 한다. 이들의 동업은 한국뿐만 아니라 세계적으로도 유래가 없는 사례로 아름다운 미담이 되고 있다.

그렇게 3대에 걸쳐 내려온 동업이 4대까지는 이어지기 어렵다는 판단 아래 2004년 7월 에너지, 유통 중심의 서비스 부문을 관장하는 GS홀딩스를 설립했다. 그런 다음, LG그룹에서 LG건설, LG유통, LG

홈쇼핑, LG칼텍스정유 등에 대한 출자 부문을 분할해 세운 GS그룹의 지주회사 역할을 하게 만들었다. 허씨 가문이 GS그룹으로 분가한 것이다. 반백 년 동안 이어진 아름다운 동행을 끝내고 이제는 서로를 응원하는 형제기업이 되었다.

:: 민족 자본가 박흥식과 화신백화점 ::

서울 종로구에는 지역 랜드마크인 종로타워가 있다. 사실 그 자리에는 1994년까지 화신백화점이 있었다.

화신백화점은 1934년에 세워진 지하 1층, 지상 6층의 대리석 건물로 일제 강점기하에서도 조선인 자본으로 만들어진 근대식 상업 건축물이었다. 이 건물을 세운 박흥식 전 회장은 한때 화신무역, 화신연쇄점, 선일지물, 대동흥업 등의 사업체로 이루어진 화신그룹을 운영하며 근대식 재벌 그룹의 출발을 알린 민족 자본가 중한 사람이었다.

화신그룹의 박흥식 전 회장은 평안남도 용강군 출신으로 대지주의 아들이었다. 일본인 손에 형을 잃자 소학교만 졸업하고 용강 인근의 진남포에서 미곡상을 시작해 큰돈을 벌었다. 그 후 인쇄업과 지물업 등으로 많은 자본을 축적한 박흥식 전 회장은 21살에 선일지물을 설립한다.

박흥식은 연일 성공을 거듭하지만 일본인들의 견제로 신문용지 등을 제대로 구하지 못해 곤욕을 치르게 된다. 그러자 과감하게 일본으로 건너가 당시 신문용지 등을 독점하고 있던 왕자제지에 직접 구매 의사를 밝혔지만 일언지하에 거절당한다. 그때 왕자제지도 스웨덴에서 각종 제지를 수입한다는 이야기를 듣게 된다. 바로 일본에 있던 스웨덴의 주일대사관까지 찾아가 스웨덴에서 직접 제지를 수입하는 일에 성공했고, 그 결과 〈조선일보〉를 비롯한 국내 신문사들이 (박흥식 전 회장이 세운) 선일지물과 독점 거래할 것을 약속하면서 막대한 부를 축적하게 된다.

이렇게 타고난 경영 능력을 갖춘 박흥식 전 회장도 일제와 협력했다는 이유로 해방이 되면서 반민특위로부터 가장 먼저 조사받는다. 가장 큰 죄목은 경기도 안양에 세운 조선비행기공업주식회사의 설립이었다. 일제로부터 떠맡은 군수무기 생산공장 설립이 가장 큰 죄가 된 것이다.

박흥식 전 회장은 안창호 선생의 석방과 생활비 지원, 독립운동가 신흥우, 신태환 전 서울대 총장, 오천석 전 문교부 장관 등에게 많은 도움을 줬으나 이런 사실은 외면받았다.

해방 직후와 한국전쟁 시기에도 한국의 대표 재벌로 인정받던 화신그룹은 1970년대로 들어서면서 변화하는 시대를 이기지 못하고 사양길로 접어들기 시작했다. 결국 그가 그렇게도 사랑했던 화신백화점은 삼성그룹에 매각되었으며 1994년 5월 10일 조용히 세상을 떠나게 된다.

:: 끝없는 노력과 과감한 결단 ::

직원 40명과 전화기 1대로 시작된 삼성상회는 현재 전자와 반도체 분야 등에서 세계 1위의 글로벌 기업인 삼성그룹으로 성장했다. 이병철 전 회장이 지은 '삼성'이라는 회사명에는 다음과 같은 염원이 담겨 있다.

삼(三)은 크고, 강하고, 많고 완전한 존재를 상징하며 성(星)은 영원히 빛난다는 의미가 담겨 있다. 또한 삼성이라는 회사명에는 '크고, 강하고, 영원하라'는 뜻이 함께 담겨 있다고 한다. 이병철 전 회장은 그 뒤에도 회사를 새로 세울 때마다 '제일'이나 '중앙'을 붙여 항상 최고와 완벽을 지향하는 자신의 욕심과 의지를 반영했다. 이후 삼성그룹은 제일제당, 제일모직 등을 설립하며 국내 최대의 그룹으로 발돋움하기 시작했다. 삼성그룹을 오늘날과 같은 세계적인 그룹으로 성장시킨 동력은 반도체사업이었다.

삼성그룹의 반도체사업은 사람들 대부분이 예상하는 것보다 훨씬 일찍 시작되었다. 트랜지스터 라디오와 진공관 텔레비전이 전부였던 1974년 당시 삼성그룹의 이건희 이사가 한국반도체를 사재로 인수해 운영한 것이 시초였다. 이건희 이사가 반도체사업을 건의했을 때 이병철 당시 회장의 첫 대답은 "반도체가 뭐꼬?"였다고 한다.

그러나 놀라운 사업가 기질과 승부사 기질을 동시에 갖고 있던 이병철 전 회장은 이내 반도체의 중요성을 간파하고 1983년 2월 도쿄 오쿠라호텔에 머물면서 '왜 우리는 반도체사업을 해야 하는 가'라는 제목의 신규 투자 계획을 발표하며 반도체사업을 적극적으로 펼쳐 나갈 것임을 내외에 천명했다.

이병철 전 회장의 도쿄 선언은 당장 정부와 언론의 극심한 반대에 부딪혔다. 자본도, 기술도, 시장도 부족했던 당시 상황에서 무턱대고 생소한 사업에 뛰어드는 기업을 부담스럽게 느꼈을 것이다. 당시 삼성그룹은 전자산업에서도 겨우 걸음마를 떼는 수준이었다. 선진국과의 기술 격차는 물론 고급 인력 확보와 막대한 투자 조달까지 어느 것 하나 쉬운 일이 없었다. 하지만 이병철 전 회장의 의지 역시 만만치 않았다. 그는 분명하게 말했다.

"지금 반도체사업에 집중하지 않으면 앞으로 몇 년 안에 반드시 미국과 일본에게 예속당할 것이다."

그는 미국과 일본을 수시로 찾아가 반도체 전문가들을 만나고 컴퓨터에 대한 고급 정보를 끊임없이 수집했다. 그의 인생에서 마지막 승부수를 내걸은 것이다. 청와대까지 반대했지만 결국 이병철 전 회장은 경기도 기흥에 반도체 공장을 설립했으며, 1983년 5월 64K D램 기술개발팀을 꾸렸다. 그리고 같은 해 11월 7일 64K D램 개발에 성공을 거뒀으며, 1992년 D램 분야 세계 1위에 오른 뒤 정상의 자리를 놓치지 않고 있다.[7]

이런 노력은 비단 삼성의 이야기만이 아니다. 지금은 비록 그룹의 흔적이 사라졌지만 한때 '세계 경영'을 외치며 글로벌 기업으로 성장했던 대우그룹도 처음에는 자본금 500만 원의 대우실업에서 출발한 작은 무역회사에 불과했다. 애경그룹 장영신 회장의 경우 남편이 갑작스럽게 타계하면서 회사 경영을 맡았지만 지금은 수십 개의 계열사를 거느린 거대 그룹을 이뤄냈다. 처음에는 회계 장부도 볼 줄 몰라서 직원들 몰래 학원을 다니며 공부했다고 한다.

지금까지 우리나라 재벌의 공과에 대한 논란이 적지 않은 것은 사실이다. 그러나 궁색했던 시절, 남다른 용기와 능력으로 사업을 확장하면서 일자리를 만든 재벌의 공을 기억하는 자세도 필요하다.

재벌의 성장 ③ 글로벌 기업의 출발선에 서다

{ 우리나라의 과거는 남루하고 척박했다. 그러나 이런 척박한 환경 속에서도 많은 사람의 희생과 노력에 힘입어 다른 나라가 부러워하는 글로벌 기업들을 태동시켰다. 어려운 환경 속에서 글로벌 기업을 만들어낸 원동력은 무엇일까? }

대한민국의 국적기 중 하나인 대한항공을 운영하고 있는 한진그룹은 1945년 11월 한진상사를 시작으로 그룹의 첫발을 내딛었다. 한진상사는 1956년 11월 주한 미 8군과 군수물자 수송계약을 맺으면서 그룹 도약을 향한 발판을 만들었다. 1958년 6월에는 주한 미군을 위한 포장이사 및 화물 수송사업을 진행하며 착실하게 성장했다.

이처럼 운송 및 수송 분야 등에서 비약적인 발전을 계속하던 한진상사는 조중훈 전 회장의 결단에 따라 1966년 3월 주월 미군(베트남에 주둔한 미군)과 군수물자 수송용역 계약을 체결하며 가장 위험한 시기에서 가장 큰 수익을 끌어내는 기업가 정신을 발휘하게 된다. 이 당시 한진상사가 월남에서 벌인 사업들은 양질의 군수품을 위험지역에 운송하는 것이었기 때문에 항상 월맹군들의 표적이 되는 위험한 일이었다. 그러나 조중훈 전 회장은 이렇게 위험한 사업을 잘 이끌어 수년 동안 무려 1억 5000만 달러를 벌어들이는 엄청난 성공을 거둔다. 당시 한국은행의 가용외화 총액이 수천만 달러에 불과했으니 1억 5000만 달러는 가히 상상을 뛰어넘는 외화다. 이 돈을 불과 수년 만에 벌어들인 것이다.

조중훈 전 회장은 이렇게 벌어들인 외화로 당시 적자에 시달리던 대한항공을 인수하고 버스사업(한진고속), 화물 및 해운운송사업 등을 시작하면서 물류 중심의 수직적인 사업구조를 완성했다. 오늘날의 한진그룹으로 도약하는 토대를 마련한 것이다.[8]

건설 중심의 현대그룹과 소비재 및 금융 관련 산업에 주력한 삼성그룹 등도 업종의 차이가 있을 뿐 위험을 마다하지 않고 저돌적으로 뛰어든 것은 별반 다르지 않다. 안정적인 기반이 닦여 있다면 주저했을 일이었지만 맨땅에 헤딩하는 기개로 뛰어든 것이 현재 글로벌 기업들의 주춧돌이 된 것은 분명하다.

:: 모든 시계가 수출에 맞춰지다 ::

1960년대 대한민국은 생존을 위해 꿈틀거리기 시작했다. 전쟁의 상처를 딛고 일어선 지 불과 10년이 지났지만 먹고 살아야 한다는 절실함과 함께 무엇보다 돈을 벌어 자식들을 가르쳐야 한다는 특유의 교육열이 강했다.

당시 우리나라는 농업에 의존해야 하는 세계 최빈국 중 하나였으며 한국 경제를 지탱해주던 미국 원조도 1958년 8.7%에서 1960년 1.9%로 하락한 상태였다. 인플레이션은 도매 물가만 놓고 따져도 연 20%를 넘어서고 있었다. 게다가 부정부패와 실업률, 빈곤, 부의 편중 등 해결해야 할 문제가 한두 가지가 아니었다. 세계적인 글로벌 기업은커녕 당장 제대로 된 기업을 만들어서 사람들을 고용하고 사회경제적으로 나라를 안정시키는 일조차 쉽지 않아 보였다.

1962년 2월 박정희 당시 대통령은 수출 가능성과 활로를 살피기 위해 무역업에 종사하는 200여 명의 기업인과 함께 열띤 토론의 장을 벌였다. 수많은 의견이 오고간 끝에 당시 회의에서 수출 중심의 경제정책이 결정됐다. 그 자리에는 오늘날 글로벌 기업으로 도약한 기업의 경영인들 대부분이 참석했다. 그 자리에 있던 기업들이 오늘날 글로벌 기업들이 됐다는 점은 어쩌면 당연한 결과일지도 모르겠다.

바로 이날부터 대한민국의 모든 시계는 '수출'에 맞춰졌고 삼성, 현대, 쌍용을 비롯한 기업들 대부분의 정책은 수출 중심으로 빠르게 재편되었다.

정부의 지원 역시 파격적이었다. 정부는 외화를 벌어들이는 기업의 수출 소득과 수출 활동을 지원하기 위해 사업소득세와 법인세를 50% 감면하는 과감한 조치를 취했다. 또한 수출용 원자재에 대한 수입세를 감면해주었으며 무역진흥공사 설립을 통해 해외시장과 수출 정보 등을 아낌없이 지원했다.

그렇게 지원한 결과는 빠르게 나타났다. 1963년 8600만 달러에 그쳤던 수출은 1964년 1억 2000만 달러로 뛰어 올랐다. 1965년에는 1억 7500만 달러, 1966년에는 2억 5000만 달러로 수출이 증가했다. '내다 팔 수 있는 것이라면 집에 있는 숟가락까지 몽땅 들고 나가' 외화로 바꿔 온 것이다.[9] 게다가 우리 입장에서 보면 쾌재를 부를 수출 호재들이 나타났다.

첫째, 미국과 유럽 등의 선진국들이 잡화나 경공업 중심의 2차 산업에서 벗어나기 시작했다. 즉, 옷이나 가방, 생필품 등을 직접 생산하지 않고 대한민국을 비롯한 저개발국가에서 사다 쓰는 일이 늘어나기 시작한 것이다. 자연스럽게 수출시장이 증가할 수밖에 없었다.

둘째, 베트남전쟁이 일어났다. 베트남전쟁이 발발하면서 미국의 한국군 파병 제의가 이어졌다. 정부는 국내의 거센 반대에도 불구하고 결국 월남 파병을 승인했다. 이국땅에서 꽃다운 청춘들이 쓰러졌지만 월남 파병을 계기로 미국의 엄청난 무상원조와 막대한 월남 수출이라는 호경기를 맞게 되었다.

월남 진출로 인한 호재는 계속 이어졌다. 현대그룹 등 국내 주요 기업들이 해외로 진출할 수 있는 기회와 역량을 익히게 된 것이다. 아직 걸음을 더 걸어야 했지만 적어도 글로벌 기업으로 성장할 수 있는 힘과 조건들을 1960년대와 1970년대에 걸쳐 하나하나 마련하기 시작했다.

:: 글로벌 기업의 지름길, 중화학공업 활성화 ::

1970년대로 들어서면서 박정희 당시 대통령은 또 한 번의 결단을 내린다. 1960년대까지 신발, 가발, 섬유 등의 경공업제품에 의존하던 산업구조를 중화학공업으로 전환하겠다고 선언한 것이다. 이 선언은 1973년 1월 연두기자회견에서 전격적으로 발표되었다. 당시 오원철 제2 경제수석비서관이 주요사항을 입안했고 청와대 국산병기전시실에 주요 국무위원이 모인 가운데서 발표한 것이다. 이 자리에서 박정희 당시 대통령은 김종필 당시 총리를 위원장으로 하는 중화학공업추진위원회 결성을 지시했으며 울산과 창원 등에 일본 히타치그룹에 비견될 정도의 대규모 중화학공업단지 조성을 결정했다.

실제로 일본은 1957년에 중화학공업으로 전환한 결과, 10년 뒤에는 수출액 100억 달러를 넘는 성과를 보였다. 우리나라의 중화학공업 활성화는 일본의 사례를 벤치마킹했다고 볼 수 있다. 우리나라 역시 중화학공업을 늘리면서 1977년 말에 수출 100억 달러와 1인당 국민소득 1,000달러의 벽을 동시에 넘었다.

1980년대 초반, 재벌들은 중화학공업 분야에서 글로벌 기업으로 나아갈 수 있는 기반들을 확실히 확보하기 시작했다. 중화학공업은 경공업과 달리 대규모의 자본과 투자 없이는 도저히 성공할 수 없는 사업 분야다. 정부의 적극적인 경제 개발이 이뤄지기 전부터 이미 사업 기반을 다져오기 시작했던 현대, 삼성, 럭키금성(현 LG), 쌍용, 한진 등은 조선, 자동차, 전자, 항공, 운수 등에서 정부의 특혜를 독점하며 글로벌 기업으로 성장할 수 있는 토대를 마련하게 되었다.

이처럼 정부의 투자와 특혜, 그룹 회장들의 직관, 근로자들의 저임금과 열정을 다한 노동 자세 등에 힘입어 대한민국 기업들은 조선, 자동차, 정유, 휴대전화 분야 등에서 세계가 인정하는 글로벌 기업으로 성장했다. 이러한 이유로 현대, 삼성 등 중화학공업을 주도했던 기업들은 질시의 눈빛을 받기도 한다. 정부의 지나친 특혜, 이를테면 투신사 등을 앞세웠던 편파적인 금융 지원과 순환출자구조 같은 무리한 지배구조 인정 등이 몇몇 재벌의 성장에 일방적인 도움을 주었기 때문이다. 결과적으로 재벌의 등장이 우리 사회의 불평등과 부의 편중을 가져오는 기폭점이 되었다는 점은 부정할 수 없는 사실이다.

하지만 1960년대 말에서 1970년대 초에 우리나라뿐 아니라 남미와 같은 저개발 국가에서도 일본의 지원을 받은 중화학공업 재편이

야심차게 추진됐으나 성공한 국가는 오직 우리나라밖에 없었다. 그러므로 우리나라와 우리나라 기업들의 저력이 그만큼 뛰어났다고 볼 필요도 있다.

직원은 아직도 머슴?

{ 돈 있고, 권력 있는 재벌가 회장들의 '갑'질이 도를 넘어서고 있다. 전문 경영인을 '머슴'이라 부르고, 운전기사에게 욕설과 폭행을 일삼으며 경비원의 턱을 가격하는 일들이 부지기수로 일어난다. 아직도 머슴으로 살아가는 이 세상 '을'들의 한숨 섞인 이야기는 앞으로도 계속 되지 않을까? }

2015년에 개봉한 영화 〈베테랑〉은 배우 유아인의 동물적인 연기가 큰 화제였다. 그가 연기한 조태오는 인생 막장을 달리는 재벌 3세로 이 세상에 무서울 것이 하나도 없다. 든든한 아버지와 번듯한 회사, 그리고 잘 생긴 외모에다 대단한 싸움 실력까지 누구든지 조태오 앞에서 고개를 들고 덤비기가 쉽지 않다.

조태오는 "어이가 없네"라는 말을 내뱉으며 결국 화물차 운전기사를 폭행하다가 죽음으로까지 몰고 간다. 이때 사람들이 큰 충격을 받은 것은 운전기사가 아들 앞에서 무참하게 폭행을 당하며 맷값을 받는 장면이었다. 사실 이 장면을 본 사람이라면 실제로 벌어진 일이라는 것을 안다.

　미스터 피자로 유명한 MPK그룹 정우현 회장도 이러한 추문의 주인공 중 한 사람이다. 그는 한 직영점에 들렀다가 (직영점이 있는) 건물에서 일하던 경비원을 폭행했다. 자신이 아직 밖으로 나가지 않았는데 건물 셔터를 내렸다는 이유에서였다.

　처음에는 사람이 있는데 왜 셔터를 내렸냐고 항의하다 약간의 몸싸움이 있었을 뿐 폭행한 적은 없었다고 부인했다. 하지만 경비원의 말은 달랐다. 밤 10시가 되면 셔터를 내리는데 정 회장은 밤 10시 30분에 나가려다가 "내가 안에 있는데 왜 잠그느냐?"며 폭행했다는 것이다. 결국 정 회장은 경비원의 얼굴을 때린 것으로 확인되었다.

　사건 직후 회사 홈페이지에 짧은 사과문이 올라왔지만 진정성 부족으로 여론을 더 악화시켰다. 결국 이 사건으로 해당 제품에 대한 불매운동이 일어났지만 피해는 고스란히 애꿎은 가맹점주들이 지고 말았다. 또한 자서전을 가맹점주들에게 강매한 것으로 드러나기까지 했으니 갑의 횡포를 고스란히 보여주는 모습이 아닐 수 없다.

　　　:: 머슴이 주인 하는 일을 어떻게 알아? ::

국어사전에서 '머슴'의 뜻을 찾아보면 '주로 농가에 고용돼 그

집 농사일이나 잡일을 해주고 대가를 받는 사람'이라고 나와 있다. 자신을 고용한 주인이 시키는 대로 들에 나가서 모를 심거나 김을 매고 나무를 해 군불을 때며 갖가지 집안일을 해주는 사람이다. 그런데 재벌가에서 이 말을 꺼내 수많은 사람들을 당황시킨 사람이 있다. 바로 정태수 전 한보그룹 회장이다. 정태수 전 회장은 박태준 전 포항제철 회장을 비롯한 수많은 철강 관계자들의 만류를 뿌리치고 한보철강을 세우려다가 우리나라를 외환위기의 구렁텅이로 몰아넣은 주범 중의 한 사람이다.

그는 1997년 4월에 있었던 한보철강 비리 사건 청문회장에서 "머슴이 주인 하는 일을 어떻게 알겠느냐?"라며 경영인들을 비롯한 임직원들을 하루아침에 머슴으로 전락시켜 수많은 사람의 가슴에 지울 수 없는 멍 자국을 남겨 놓았다. 그러나 약 20년이 지난 오늘날까지도 재벌회장과 머슴의 관계는 변하지 않고 있으며 오히려 사회적 지위와 돈 앞에서 더 굴욕적이고 모멸감을 감수해야 하는 일들이 적지 않게 발생하니 안타까울 뿐이다.

:: 조선시대 머슴만도 못한 '을' ::

흔히 조선시대의 노비나 머슴들은 주인에게 야단이나 맞고 괴롭힘이나 당했다고 생각하기 쉽다. 물론 사는 환경에 따라 다르겠지만 조선 선조시대 벼슬을 했던 미암 유희춘의 《미암일기》를 보면 양반의 시중을 들어주던 노비라도 최소한의 생활과 인격은 보장받고 있었다. 유희춘은 시동(侍童, 심부름하는 아이)에게 하루 세 끼의 밥과 세경(머슴에게 지급하는 연봉)을 주었으며 계절별로 입을 옷을 줬다. 또한 아프다고 하면 꼭 의원을 불러서 치료를 해줬으며 별다른 이유 없이 함부로 욕을 하거나 매를 대는 일이 없었다고 적었다.

노비에게도 휴가를 줬다. 세종 때는 여종들에게 100일의 출산휴가를 줬으며 그 남편들에게도 한 달 휴가를 줘 가족을 돌볼 수 있도록 배려했다.

오늘을 사는 머슴들이 조선시대의 행복한 노비만도 못한 것 같다는 자괴감에 빠질 수밖에 없게 하는 대목이다.

하루아침에 몰락할 수도 있다

대한민국 재벌이 쌓아올린 황금성은 쉽게 무너지지 않을 정도로 화려해 보인다. 그러나 한때 풍미하던 삼미그룹 등은 지금 흔적도 없다. 하루아침에 몰락한 결과다.
새롭게 경영권을 승계하며 주위의 기대를 한 몸에 받고 있는 재벌 3세 역시 남다르지 않게 들어야 할 이야기다.

1980년대 후반 "재벌가의 3김을 아느냐?"라는 물음이 많은 사람의 흥미를 불러 일으켰다. 김대중, 김영삼, 김종필을 일컫는 정치인 3김이라면 초등학생도 모를 리 없겠지만 재벌가 3김은 대부분 처음 듣는 이야기였다.

재벌가 3김은 바로 선친에게 굴지의 그룹을 물려받은 김석원 전 회장(쌍용그룹), 김승연 회장(한화그룹), 김현철 전 회장(삼미그룹)을 이르는 말이었다. 당시 이들은 공통점이 있었다. 3명 모두 성이 김씨였으며, 20대 후반과 30대 초반의 젊은 나이에 갑작스럽게 선친을 잃는 바람에 그룹의 대권을 승계한 재벌 2세들이었다.

30년이 흐른 지금에는 한화그룹의 김승연 회장만이 유일하게 성공적인 경영인으로 인정받고 있지만 당시만 해도 오늘날 그들의 앞날을 이렇게 예상하는 사람은 많지 않았다.

3김 가운데 맏형으로 불렸던 김석원 전 회장은 선친인 김성곤 전 회장이 갑작스럽게 타계하면서 1975년에 불과 30세의 나이로 그룹을 이어받았다. 김석원 전 회장은 1990년대까지만 해도 쌍용그룹을 재계 6위로 끌어 올리며 용평리조트를 비롯해 시멘트, 정유, 제지, 증권, 건설 등 그룹의 주요 사업들을 순조롭게 이끌어가는 경영수완을 발휘했다. 특히 용평리조트는 우리나라에 스키를 비롯한 레저산업이 자리를 잡기 전인 1970년대부터 사업 구상을 시작했다는 점에서 사업 감각이 특출하다는 평가를 들을 정도였다. 그러나 빠른 사업 감각은 무리한 확장으로 이어져 덜미를 잡기도 한다. 쌍용그룹의 경우에는 자동차사업 진출이 바로 그랬다.

김석원 전 회장은 당시 1조 원이라는 큰 자금을 투자해 동아자동차를 인수한 뒤, 그룹의 역량을 총동원해 자동차사업을 성장시키려고 노력했다. 초기에는 무쏘, 코란도를 출시하며 SUV(스포츠유틸리티차량) 시장에서 상당한 인기를 얻었고 순탄한 출발이 이어지는 듯 했다. 하지만 자동차사업은 한 번 투자했다고 승부를 볼 수 있는 분야가 아니었다. 끊임없이 신차를 개발해야 하고 대규모 생산시설에다 국내는 물론 전 세계적인 판매망까지 갖춰야만 했다.

결국 자금 압박에 시달리던 김석원 전 회장은 1997년 외환위기가 닥쳐오면서 쌍용자동차를 대우자동차에 매각시켰지만 그 여파로 쌍용그룹 전체가 와해되고 말았다.

:: 극명한 명암 교차 ::

'삼미 슈퍼스타즈'라는 프로야구 구단까지 운영했던 삼미그룹은 특수강 분야에서 세계 최고의 품질과 시장 점유율을 자랑했다. 삼미그룹은 많은 기업이 넘기 힘들어 했던 오일 쇼크의 파고도 특수강 분야의 안정적인 운영을 통해 극복할 정도로 내실 있는 운영을 자랑했다.

삼미그룹을 창업한 김두식 전 회장은 목재사업으로 큰돈을 벌고 철강, 해운 같은 제조업과 운수업 분야에서 그룹의 사세를 확장시켰다. 한때 서울에서 가장 높은 빌딩이었던 종로의 삼일빌딩은 김두식 전 회장이 세운 건물이었다.

하지만 김두식 전 회장이 사망한 후 그룹을 승계한 김현철 전 회장은 고등학교 때부터 외국에서 유학을 하는 바람에 국내 사정에 어두웠고 무엇보다 선친이 갑자기 타계해 제대로 된 경영 수업을 받지 못했다. 그 결과, 내실 있는 운영보다 해외 진출과 규모 확대에만 신경을 써서 화를 자초했다는 평을 듣고 있다.

실제로 김현철 전 회장은 취임과 동시에 세계 제1의 특수강 회사를 만들겠다는 청사진을 내세우며 미국, 캐나다에 있는 특수강

공장을 인수했다. 하지만 화려한 청사진이 사라지는 데는 그리 오래 걸리지 않았다.

인수한 미국 공장은 4년 내내 큰 적자에 시달렸으며 그 여파로 그룹 전체가 휘청거렸다. 김현철 전 회장은 황급히 국내 경영권을 동생에게 물려주고 캐나다 현지 법인의 대표를 맡아 경영을 정상화시키기 위해 갖은 애를 썼지만 헛일이었다. 결국 삼미그룹은 1997년 3월 주채권은행의 대출 연장 기피로 부도를 맞았다. 이후 김현철 전 회장은 도미니카로 이민을 떠나 선교사로 제2의 인생을 살고 있다.

소주로 유명했던 진로그룹의 장진호 전 회장은 당시에 그 어떤 재벌 2세보다 뛰어난 경영 능력을 갖춘 후계자로 인정받았다. 그래서 진로그룹의 주주들이 이복형이었던 장봉용 당시 회장을 밀어버리고 그를 회장 자리에 앉혔다.

장진호 전 회장은 이런 기대에 부응하듯이 1996년 진로그룹을 소주 전문기업에서 유통과 건설 등을 아우르는 계열사 24개의 재벌 반열에 올려놓았다. 연간 매출액만 3조 원을 넘어섰고, 재계 순위는 19위에 오를 정도였다. 그러나 성장통은 곧바로 찾아왔고 1997년 9월 부도를 맞게 됐다. 장진호 전 회장이 그룹 경영을 맡은 지 불과 10년만의 일이었다.

2003년 수천억 원의 분식회계와 비자금 조성 혐의로 구속돼 징역 2년 6월에 집행유예 5년의 형을 받고 풀려났다. 그 후 캄보디아로 도피했다가 결국 2015년 중국에서 쓸쓸한 죽음을 맞게 되었다. 그가 말한 대로 억울한 정치적 희생양인지 무모한 재벌 놀음의 결과인지 아직도 많은 이야기가 오가는 것이 사실이다.

지금까지의 사례와는 다르게 재벌가 3김 가운데 그룹을 더 크게 성공시킨 사람이 있다. 바로 한화그룹 김승연 회장이다. 1981년 불과 29세의 나이에 그룹을 승계받은 후부터 현재 한화그룹의 규모를 20배 이상 키우는 놀라운 경영 능력을 발휘하고 있다. 국내 그룹 서열 10위 안에 들어가는 한화그룹은 태양광사업 등의 신수종사업을 발굴하며 지속적인 성장을 계속하고 있다.

지금은 이처럼 승승장구를 하지만 처음 김승연 회장이 회장으로 취임했을 때는 안팎으로 우려의 시선이 많았다. 나이가 어리다는 약점을 보완하기 위해 헤어스타일을 바꾸고 위계질서를 세우려고 나이 든 임원 앞에서 담배를 피우기도 했다.

의리와 남자다움을 중시하는 탓에 아들의 싸움에 휘말려 많은 사람의 입방아에 올랐지만 경영에 있어서는 상당히 뛰어난 능력을 발휘하고 있다. 화약그룹이라는 다소 딱딱한 이미지의 한화그룹을 레저, 보험, 방위산업까지 늘린 것도 탁월한 경영 능력 덕분이다.

:: 남의 이야기가 아니다 ::

2015년 2월 청와대에서는 경제 관련 오찬행사가 개최됐다. 거물

급 재벌 회장들이 대거 참석했는데 3세 경영인인 이재용 삼성전자 부회장, 정의선 현대자동차 부회장 등이 처음으로 참석해 눈길을 끌었다.

재계에서도 이날 행사를 아주 의미 있게 바라보았다. 삼성, 현대 자동차 등 국내의 대표적인 기업들이 재벌 3세를 위한 경영권 승계에 힘쓰는 상황에서 대통령의 초대를 받아 참여한 것은 이들의 경영 승계를 알린다는 의미가 담겨 있다고 보기 때문이다. 정부에서는 당장 경제 활성화를 위한 주요 기업의 적극적인 투자가 절실한 상황이고, 경영 승계가 필요한 3세들은 공식적인 자리에서 화려한 스포트라이트를 받게 된 것이니 서로 의기투합할 수밖에 없는 자리였다.

지금 재벌 3세들에게는 경영 능력을 키우기 위한 노력이 더 필요하다. 결국 그들이 그룹을 승계해 어떤 경영 능력을 보여줄지 그것은 경영 활동에 의해 답이 나올 것이다. 아무리 잘 나가는 재벌이라도 하루아침에 몰락할 수 있다는 것이 결코 남의 이야기가 아닐 수 있다.

혼맥의 허브 집안

세상에서 결혼만큼 남는 장사가 없다고 말하는 사람들이 있다. 특히 있는 집안의 경우에는 재산과 사람이 만나고 집안과 학벌이 절묘한 상승효과를 만들어내면서 그룹 경영에 엄청난 힘을 안겨준다.
그런데 3세들 때에 와서는 정략결혼을 벗어나 사랑으로 가정을 일구기 위한 움직임이 시작되고 있다.

드라마에서 가장 흥미를 끄는 소재 중 하나가 재벌가의 후계자와 평범한 아가씨가 사랑을 나누고 결혼하는 것이다. 〈사랑을 그대 품 안에〉, 〈시크릿 가든〉 등이 대표적이다. 아직도 아침, 저녁으로 나오는 드라마에서 가장 흔하지만 중독성이 깊은 소재가 바로 능력 있는 재벌 2~3세와 평범하고 착한 아가씨의 결혼에 관한 이야기다.

한 조사에 따르면, 재벌 2세 33명 중에서 같은 재벌 집안의 딸과 결혼한 경우는 40% 정도인 13명이나 되었다. 또한 정계와 법조계를 비롯한 고위 공직자 집안의 자녀와 결혼한 재벌 2세도 7명으로 적지 않았다. 그나마 평범하다고 여겨지는 여성과 결혼한 경우가 7명이 있는데 이 중에서 6명이 두산그룹이었다.

두산그룹의 혼인 가풍은 박두병 창업주에게서 비롯되었다. 장남인 박용곤 명예회장의 배우자를 찾을 때 우연히 맏딸의 친구가 눈에 띄었다고 한다. 참하고 조신한 모습이 잘 어울릴 것이라고 생각한 그는 지프차를 타고 살핀 끝에 장남과 결혼을 시켰다. 다른 자녀들의 결혼 역시 재벌가답지 않게 소박하고 검소하게 치러냈다. 하나뿐인 딸은 검사와 결혼했으며 아들들은 각각 다른 기업 사장의 딸이나 증권협회 회장의 딸 등과 결혼했다. 다른 재벌가처럼 특별한 정략결혼이 아니라 우연히 알게 되어 교제를 하다가 결혼한 경우도 있었다.

보통 재벌가는 필요에 의해 사돈관계를 맺는 데 두산그룹의 2세들은 꼭 그렇게만 하지는 않았다. 물론 그렇다고 해도 평범한 가정에서는 쉽게 접근할 수 없는 상류 집안인 것을 보면 드라마는 드라마일 뿐이지 않을까 싶다.

:: 재벌가 혼맥의 허브 ::

재벌가의 혼맥에 대해 좀 더 객관적이고 정확한 연구를 위해 〈시사저널〉에서는 서울대 사회학과 장덕진 교수와 한국과학기술원 물리학과 정하웅 교수에게 의뢰하여 재벌 혼맥을 사회연결망

이론을 도입해 계량적으로 분석했다. '사회연결망 이론'이란, 집단 구성원 사이의 관계를 하나의 네트워크로 놓고 컴퓨터를 이용해 구조를 분석하는 방식을 말한다.

이를 위해 공정거래위원회가 인정한 38개 재벌 중에서 서로 친척이나 혼인 관계로 맺어진 88개의 가문 361명을 분석했다. 그 결과, LG그룹을 창업한 구인회 전 회장의 아버지 구재서 씨가 재벌 혼맥에서 허브 역할을 하고 있다는 사실이 밝혀졌다. 구재서 씨는 LG 창업과는 별다른 관련이 없지만 구인회, 구도회, 구태회, 구철회 등 LG그룹 창업을 주도한 형제들을 연결하는 정점에 서게 되면서 재벌 혼맥의 허브 역할을 하게 된 것이다.

타고난 장사꾼이었던 LG 구인회 창업주는 자녀를 많이 낳았는데 주로 재계 인사들과 사돈을 맺었다. 실제로 LG가(家)는 주요 재벌 집안과 사돈을 맺었으며 특히 한때 돈독한 동업관계를 이루었던 GS그룹의 허씨 집안과는 겹사돈을 맺을 정도였다.

LG그룹은 가깝게는 삼성, 한진, 현대, 대림그룹과 사돈관계를 맺었을 뿐만 아니라 신세계그룹, 보광그룹, 태평양, 한국타이어 등과도 혼맥이 이어져 있다. 재계 인사들 외에도 김종필, 이후락, 이명박 등의 정치인 집안과도 사돈관계로 이어져 국내 재벌가 중에서 가장 다채로운 혼맥을 자랑하며 그야말로 혼맥의 허브 역할을 하고 있다. 그러나 일리노이 주립대학교 사회학과에서 한국의 재벌 혼맥을 연구하고 있는 한신갑 교수는 "LG그룹이 한국 재벌 혼맥의 허브라는 사실은 인정하지만 재벌 전체를 움직일 정도로 막강한 영향력을 가지고 있지 않다"고 말했다.

이와 반대로 한국에서 재벌과 혼인관계를 맺는 일에 가장 소극적인 기업은 한화그룹으로 조사됐다. 한화그룹은 과거 이후락 전 중앙정보부장과 인연을 맺은 것을 제외하면 다른 그룹과 눈에 띄는 혼맥관계가 보이지 않는다. 이에 대해 김승연 회장의 일가가 재벌가답지 않게 가족이 그리 많지 않고 김 회장의 아들들이 아직은 나이가 어려서 혼사가 이뤄지지 않았기 때문으로 보고 있다.

고(故) 송인상 한국능률협회 명예회장 역시 대한민국에서 으뜸가는 혼맥을 자랑한다. 그는 이승만 대통령 시절 재무부의 핵심 자리인 이재국장을 시작으로 한국은행 부총재, 부흥부 장관(현재의 보건복지부), 재무부 장관 등을 지냈으며 룩셈부르크 대사와 유럽연합 대사 등을 역임했다.

송인상 명예회장의 장녀 남편이 노태우 대통령 시절 동력자원부 장관을 지낸 이봉서 씨인데 그의 딸이 이회창 전 자유선진당 총재의 장남과 결혼했다. 송 명예회장의 차녀는 신명수 전 신동방그룹 회장과 결혼하면서 2남 1녀를 낳았는데 딸이 노태우 전 대통령의 장남과 결혼했다.

이뿐만 아니라 송 명예회장의 셋째 딸은 효성그룹 조석래 회장과 결혼했다. 그래서 송 명예회장이 별세할 때 장례식을 주도한 곳이 효성그룹이었다. 효성그룹 조석래 회장의 동생 조양래 한국타이어 회장은 이명박 전 대통령과 사돈이다. 흔치 않은 대한민국 혼맥의 허브인 것이다.

:: 재벌가마다 독특한 결혼 풍습 ::

겹사돈에 가까울 정도로 재벌 사이에 혼맥이 이뤄진 이유에 대해 현대그룹, 삼성그룹, LG그룹 창업주들의 비슷한 연배를 들기도 한다. LG 창업주인 구인회 전 회장이 1907년생이며 절친한 친구 사이였던 삼성그룹 창업주 이병철 전 회장은 1910년생이다. 또한 현대그룹 창업주 정주영 전 회장이 1915년생이다. 나이가 비슷하니 결혼도 비슷한 시기에 했으며 2세들 역시 엇비슷한 나이여서 대부분 1960~1970년대 성혼하게 된다. 재벌가끼리 혼맥을 이루기에 좋은 상황이 만들어진 것이다. 물론 그렇다고 해도 재벌마다 모양새는 조금씩 달랐다.

만석꾼의 아들로 태어나 어려서부터 고급 문화를 향유하며 살아온 이병철 전 회장은 자녀들의 혼사에도 자신만의 안목과 취향을 그대로 반영시켰다. LG가(家)가 재계와의 혼사에 충실하고 현대가는 호방한 정주영 전 회장의 뜻에 따라 연애결혼을 허용했다면 이병철 전 회장은 정계와 재계, 학계 등 다양한 집안과 혼인하도록 힘썼다. 결혼을 통해 집안의 품격을 한층 높이도록 한 것이다.

이병철 전 회장은 3남 5녀를 두었는데 장녀 이인희 한솔그룹 고

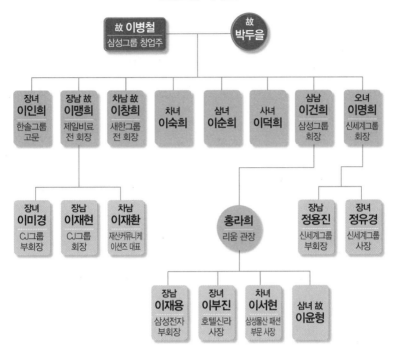

삼성그룹 가계도

故 이병철
삼성그룹 창업주 — 故 박두을

- 장녀 이인희 / 한솔그룹 고문
- 장남 故 이맹희 / 제일비료 전 회장
- 차남 故 이창희 / 새한그룹 전 회장
- 차녀 이숙희
- 삼녀 이순희
- 사녀 이덕희
- 삼남 이건희 / 삼성그룹 회장
- 오녀 이명희 / 신세계그룹 회장

이맹희
- 장녀 이미경 / CJ그룹 부회장
- 장남 이재현 / CJ그룹 회장
- 차남 이재환 / 재산커뮤니케이션즈 대표

이건희 — 홍라희 / 리움 관장
- 장남 이재용 / 삼성전자 부회장
- 장녀 이부진 / 호텔신라 사장
- 차녀 이서현 / 삼성물산 패션부문 사장
- 삼녀 故 이윤형

이명희
- 장남 정용진 / 신세계그룹 부회장
- 장녀 정유경 / 신세계그룹 사장

문과 4녀 이덕희 씨는 각각 대지주 집안의 아들과 결혼했다. 차녀 는 LG가로 시집을 갔으며 3녀는 교수와 결혼했다.

차남 이창희 전 새한그룹 회장의 부인은 일본에서 손꼽히는 재 벌인 미츠이그룹의 중역 나카네 쇼지의 장녀와 결혼했다. 한국 이 름은 이영자로, 남편의 갑작스러운 타계 후에는 새한그룹을 이끌 기도 했다.

이 중에서 가장 눈길을 끄는 결혼은 3남 이건희 회장과 홍라희 여사의 결혼이다. 홍라희 여사의 아버지인 홍진기 전 〈중앙일보〉

회장은 이승만 시절에 내무부 장관과 법무부 장관을 역임했으며, 이병철 전 회장과 돈독한 관계를 유지하며 초반기 사업 확장에 큰 공을 세운 인물이다. 사실 이건희 회장과 홍라희 여사는 부친들 간에 이미 결혼이 정해진 사이였다. 두 사람은 1966년 일본 하네다 공항에서 처음 만난 지 불과 7개월 뒤인 1967년 5월 결혼했다.

:: 사랑을 선택하는 재벌 3세의 발걸음 ::

이제 재벌 3세들의 결혼이 점차 늘어나면서 지금까지 봤던 재벌가의 결혼 모습이 조금씩 달라지고 있다. 부모, 재벌가의 정략이나 그들만의 리그에서 벗어나 진심으로 좋아하는 사람과 결혼하는 사례가 늘고 있는 것이다.

금호아시아나그룹(이하 '금호그룹')은 LG그룹 못지않게 화려하고 다양한 혼맥을 자랑한다. 금호그룹 창업주인 박인천 전 회장이 결혼은 가족과 가족, 나아가 집안과 집안 사이의 결속을 다지는 연결 고리라는 신념을 갖고 자녀들의 배우자 선정에 깊은 관심을 가지며 혼사를 위해 직접 발 벗고 나섰기 때문이다. 그러나 금호그룹의 유력 후계자인 3세 박세창 사장은 2003년 평범한 교육자 집안의 딸과 백년가약을 맺어 주위에 신선함을 안겨줬다. 중학교 동창으로 대학에 입학한 뒤 열애를 즐긴 끝에 결혼했다고 한다. 이들 부부는 함께 영화를 보거나 산책하고 박세창 사장이 좋아하는 스케이트 등을 즐기며 평범한 가정의 기쁨을 만끽하고 있다.

이러한 결혼이 점점 늘고 있는데 화려한 혼맥에 기대지 않고 아름다운 사랑을 선택하기 시작한 재벌 3세들의 행보가 또 다른 기대를 부른다.

2장

재벌 3세의 과거
그들은 창업주, 재벌 2세와 어떻게 다른가?

　　재벌 3세를 이해하기 위해서는 창업주와 재벌 2세부터 파악해야 한다. 창업주, 재벌 2세들과 닮았지만 또한 묘하게 다른 재벌 3세….

　　창업주, 재벌 2세와는 어떻게 다른가를 바라보는 것도 3세를 이해하는 또 다른 포인트가 된다.

경험의 차이

바야흐로 재벌 3세 경영시대가 열렸다. 재벌 2세와 3세는 여러모로 다른 점을 갖고 있다. 가장 대표적인 것이 '경험의 차이'다.
창업주가 그룹을 일구는 것을 지켜본 2세와 달리, 그저 온실 속의 화초로 자란 3세가 경쟁의 파고를 넘어갈 수 있을 것인지 걱정 반 기대 반이다.

2000년에 있었던 현대그룹의 '왕자의 난'은 여러모로 복기해봐야 할 점이 많다. '왕자의 난'의 시작은 1998년 정주영 전 회장이 명예회장으로 경영 일선에서 물러나고 둘째 아들 정몽구, 다섯째 아들 정몽헌 회장이 그룹 공동회장으로 발령이 나면서 경영권 분쟁이 심화된 시기부터 시작되었다.

정주영 전 회장은 재계에서 '왕 회장'으로 통한다. 집안에서도 스스럼없이 '왕 회장'으로 불렸다. 그만큼 그의 족적이 컸고 현대그룹은 하나의 왕국을 연상할 정도로 거대 기업군이었다. 왕 회장은 살아있을 때 입버릇처럼 "현대그룹은 재산이 너무 많아 자식

한 사람에게 물려주기는 힘들다"라는 말을 했었다.

자식 한 사람에게 물려주기 힘들 만큼 거대한 현대그룹을 누가 거머쥘 것인가는 현대그룹뿐 아니라 사회적인 관심이었다. 왕좌를 물려받을 사람은 두 사람으로 좁혀졌다. 당시 그룹의 주요 계열사였던 현대전자, 현대상선, 현대건설, 현대종합상사 등을 차례대로 경영하면서 그룹 내 족적을 넓혀가던 정몽헌 공동회장과 현대정공, 현대자동차를 맡으며 집안의 장자 역할을 하던 정몽구 공동회장이 그룹 1인자 자리를 두고 피할 수 없는 승부를 벌이게 된 것이다.

수면 아래에서 이뤄지던 두 아들 간의 경영권 분쟁은 2000년 당시 현대증권 이익치 사장의 인사문제로 심화되었다. 당시 계열사의 대표를 비롯한 그룹 실세들은 정몽헌 공동회장 사람과 정몽구 공동회장 사람으로 갈라 서 있었다. 이익치 사장은 정몽헌 회장의 사람이었다. 그런데 정몽구 회장 측에서 정몽헌 회장이 해외 출장으로 자리를 비운 사이 이익치 사장을 고려산업개발로 보냈다. 당시 금융업으로 세력을 확장하려던 정몽헌 회장에게 있어 이익치 사장은 중심축을 맡을 사람이었다. 금융업 확장이 성공할 경우 정몽구 회장의 입지가 좁아질 것을 대비해 정몽구 회장 측에서 이익치 사장을 금융업과 관계없는 곳으로 발령을 낸 것이다.

이 소식을 듣고 귀국한 정몽헌 회장은 이익치 사장의 인사 발령에 대한 보류를 지시했다. 또한 정몽구 회장의 인사 발령에 대한 책임을 물어 현대구조조정위원회에서 정몽구 회장의 공동회장직을 면직시켰다. 수면 아래서 아는 사람만 알던 두 사람의 경영권 다툼이 세상에 알려진 순간이었다. 이때부터 사건은 한치 앞을 알 수 없는 풍랑 속으로 들어갔다.[10]

끝내 정몽구, 정몽헌 공동회장이 인사문제를 놓고 각각 다른 발표를 했다. 현대그룹 사장단 모임인 현대경영자협의회에서 정몽헌 회장을 단독회장으로 승인했다. 정몽헌 회장이 유리한 고지를 선점했지만 정몽구 회장 측에서 받아들일 리 없었다. 결국 입원 중이던 정주영 명예회장을 기자회견장으로 모셔와 두 아들 가운데 단독회장을 공개 낙점하도록 하기에 이르렀다. 모두의 이목이 집중된 그 자리에서 정주영 명예회장은 단독회장으로 정몽헌 회장을 낙점했다. 그러나 이후에도 경영권 다툼은 계속되었다.

사태가 악화되자 정부와 채권은행단은 가만히 있지 않았다. 현대그룹에 지배구조 개선과 경영진 문책 등을 요구했다. 결국 5월 31일 정주영 명예회장과 정몽구, 정몽헌 회장의 3부자(父子) 퇴진이라는 경영개선 계획을 발표했다.

얼마 후 정주영 명예회장이 세상을 떠나자 현대자동차는 사실상 장남인 정몽구 회장, 현대백화점그룹은 3남 정몽근 회장, 현대건설과 현대전자는 5남 정몽헌 회장, 현대중공업은 6남 정몽준 회장, 현대해상화재보험은 7남 정몽윤 회장, 현대기업금융은 막내 정몽일 회장이 받기로 하면서 경영권 분쟁은 마무리되었다.

'왕자의 난'은 현대그룹뿐만 아니라 다른 기업에서도 일어나고

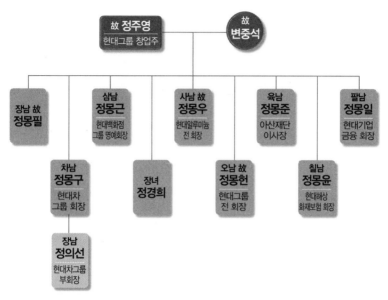

현대그룹 가계도

있다. 특히 재벌 2세에 이르러서는 경영권을 둘러싼 다툼이 심해진다. 볼썽사나운 집안싸움으로 보이지만 재벌 2세들이 이처럼 경영권에 민감한 데에는 이유가 있다.

창업주가 한 기업을 일구는 과정에 있어서 창업주 한 명의 힘으로는 절대적으로 불가능하다. 옆에서, 혹은 아래에서 보좌하고 발로 뛰는 이들이 있어야만 할 수 있다. 그처럼 어려운 일이기에 창업주의 아들들은 '피는 물보다 진하다'라는 사실을 입증하며 몸이 부서져라 뛴다. 창업주가 챙기기 힘든 일을 챙기기도 하고 사람 관리도 한다. 창업주만큼은 아닐지라도 아들들 역시 내가 만든 기업이라는 자부심을 갖고 있다. 이런 기업에 대한 지분 의식은 '반드시 내가 기업을 물려받아야 한다'라는 당위성을 갖게 한다.

특히 현대그룹은 왕자의 난이 일어날 수밖에 없는 요인들이 있었다. 계열이 분리되기 전 현대그룹의 계열사를 살펴보면 유난히 굴뚝 업종이 많다. 굴뚝 업종은 고용된 인원도 많고 부품 관련 협력업체도 많다. 그만큼 많은 사람이 연관된 사업이기에 의사결정 과정과 사람 관리에 있어 재벌 2세들이 관여를 많이 했을 것이다. 매일 정주영 전 회장의 청운동 자택에서 아침밥을 먹고 사업과 관련된 이야기를 하며 하루를 시작한 2세들은 그룹 일에 밀접하게 관여를 했기 때문에 그룹에 대한 애착도 다른 어느 집안에 비할 수 없이 컸다.

이러한 경우는 재벌 2세까지만 해당된다. 재벌 2세는 창업주를 도와 기업을 일구었기 때문에 창업주 옆에서 경영에 관한 살아 있는 교육을 받았다. 또한 현장에서 발로 뛰어 '무(無)에서 유(有)를 만든' 경험도 있다. 한마디로 맨땅에서 굴러본 경험이 있는 것이다. 돈으로도 살 수 없는 경험을 온몸으로 체득했으며 기업을 물려받은 후에는 그 경험을 살려 기업 경영에 활용할 수 있다.

:: 온실 속 화초, 필드에서 생존 가능할까? ::

하지만 재벌 3세는 경험이 전무하다. 창업주와 재벌 2세가 만들어 놓은 성 위에서 도련님, 공주님으로 한껏 대접을 받으며 생활했을 뿐이다. 대학이나 대학원에서 받은 경영학 관련 수업은 그야말로 책 속의 이야기일 뿐, 실제 필드(field)에서는 어떤 복마전이 기다리고 있는지 알 수 없다. 하지만 재벌 3세는 오로지 재벌가의 아들, 딸이라는 이유만으로 차장이나 부장으로 입사해 몇 년이 지나면 전무 등 임원으로 승진하는 것이 하나의 룰(rule)처럼 되어 있다. 온실 속 화초로 자라난 재벌 3세들이 2세와 같은 경영 능력을 보여줄지 의문이 든다.

지금 삼성그룹은 대한민국만의 삼성그룹이 아니라 세계 시장에서 통하는 글로벌 기업으로 인정받고 있다. 이처럼 삼성그룹이 세계 속의 기업이 된 데에는 이건희 회장의 역할이 대단히 컸다. 물론 삼성그룹이 있기까지 창업주인 이병철 전 회장의 공도 크지만, 이병철 전 회장이 타계한 1987년의 삼성그룹과 지금 2016년의 삼성그룹을 비교하면 실로 비약적인 발전이다. 이는 이건희 회장의 경영 성과로 인정해야 한다.

이건희 회장은 이병철 전 회장의 경영을 지켜보면서 경영 노하우를 익혔고 이를 바탕으로 새로운 삼성그룹을 만들었다. "마누라, 자식 빼고 다 바꿔라"라는 말로 유명한 '신(新)경영 선언'을 통해 대내외적으로 혁신 드라이브도 확실히 걸었다. 이러한 사업 구조 변화를 통해 반도체와 IT 중심으로 체질을 개선해 오늘날과 같은 세계 속의 삼성그룹이 되었다.

창업주 옆에서 노하우를 머리로, 몸으로 익힌 재벌 2세와 비교

해보면 꽃길만 걸어온 3세는 그저 귀하게 자란 분으로 보인다. 이제 시장의 이런 우려 섞인 시선이 잘못되었다고 보여줘야 한다. 이것이 재벌 3세의 몫이다.

국내파 vs 유학파

{ 자식 교육은 해도 해도 끝이 없다. 평범한 집에서도 학원이니 과외니 학원 투어를 하는 지금, 재벌가의 자식 교육은 지대하다 못해 끔찍할 정도다. 그런데 공을 들인 만큼의 효과를 거둘 수 있을까? }

해방 직후 사업을 시작한 기업의 경우 시간의 흐름에 따라 이제 3세가 회장이 되는 상황이 눈앞에 와 있다. 과연 어느 그룹이 가장 먼저 3세를 그룹의 회장으로 올릴지 관심이 모아지고 있다. 2세 회장들이 건재한 그룹 역시 자식들에게 후계자 수업을 시키며 경영 수업에 한창이다.

소리 없는 총성이 들리는 이 치열한 시장에서 3세 경영인들이 살아남을 수 있을지 궁금하다. 그룹의 백년대계를 좌우할 자리에 앉을 이들이므로 후계자 수업에 만전을 기했을 것은 당연하지만 창업세대나 창업세대를 보고 몸으로 뛴 2세와 달리 온실 속 화초로 살아온 이들이 과연 선대가 이뤄놓은 기업을 잘 이끌고 성장시킬 것인가는 아직 의문으로 남는다.

:: 세상과 시장을 보는 눈이 다른 해외 유학파 ::

웬만한 재벌 집안에선 일반인들의 상상 이상으로 자녀들에게 후계수업을 시키고 있다. 어려서부터 맞춤형 교육 프로그램을 만들어 철저하게 진행한다. 학과만이 아니라 인성교육까지 최고의 스승을 붙여 교육시키고 있다. 왕정시대의 세자 수업만큼이나 재벌 후계자 수업도 철저하고 치밀하게 이뤄지고 있다. 특히 3세나 4세 교육은 완전한 프로그램으로 이뤄지는 경우가 많다. 그래서 미국 명문대학에서 MBA를 받았다거나 외국계 컨설팅회사에서 경영 수업을 거치는 등 최고의 '학벌'과 '경력'을 갖고 있다.

학벌과 경력으로 보면 재벌 3세들의 스펙은 찬란할 정도다. 효성그룹 조현준 사장은 미국의 사립 명문인 세인트 폴 고등학교, 그리고 예일 대학교와 일본의 게이오 대학교에서 공부했다. 효성그룹에 합류하기 전에는 미쓰비시와 모건스탠리에서 경영 수업을 거쳤다. 학력과 경력 모두 뛰어나다.

현대차그룹의 정의선 부회장은 1970년생으로 아직 젊은 나이지만 경력으로 보면 다른 재벌 자제들에 비해 높다. 휘문고등학교, 고려대 경영학과를 졸업하고 미국의 샌프란시스코 대학에서 MBA

를 마쳤다. 그리고 곧바로 현대차그룹에 합류해 10년 이상 경험을 쌓아 오늘에 이르렀다. 아직 정몽구 회장이 든든하게 현대차그룹을 이끌고 있지만 향후 현대차그룹의 후계자로 정의선 부회장이 될 것이라는 사실을 의심하는 사람은 아무도 없다.

그러나 아무리 교육과 경영 수업을 탄탄하게 받았다고 해도 이론과 실제의 간극은 이승과 저승 사이의 거리만큼이나 멀다.

3세들이 해외 유수의 대학에서 교육을 받은 것도 우려되는 부분이 있다. 어릴 때부터 우리나라에서 교육받은 사람과 어릴 때부터 해외에서 교육받으며 자유로운 분위기에서 생활한 사람은 세상을 바라보는 눈이 다를 수밖에 없다. 그렇지 않아도 재벌가의 자제로 태어나 누구 한 명 눈치 보지 않아도 되는 위치인데 국내보다 자유로운 해외에서 생활하고 공부했기 때문에 자유분방한 성격은 더욱 강해졌을 것이다. 가뜩이나 남 눈치 볼 필요가 없는데 부모의 곁을 떠나 생활했으니 세상에 무서운 사람이 누가 있을까?

또한 시장을 바라보는 눈 역시 다를 수밖에 없다. 서구 문물에 익숙해 전통적인 사업보다 새로운 사업을 더 많이 추진하려고 할 것이다. 앞선 문물을 경험했으니 신규 사업을 추진할 생각이 많지만 그것이 모두 사업적인 성과로 이뤄진다는 보장이 없다. 만일 벌린 일들이 사업적인 성과로 이뤄지지 않는다면 그룹 전체를 힘들게 할 수 있다.

:: 이제 딸들도 나서고 있다 ::

재벌 2세 때만 해도 아들은 외국에서 유학을 하고, 딸은 국내 대학을 졸업하는 경우가 대부분이었다. 이는 창업주들의 원칙이었다. 딸은 결혼 후 가정생활에 충실해야 한다는 생각을 했던 것이다. 하지만 3세 때부터는 아들과 딸을 구분하지 않고 유학을 보내는 경우가 대부분이다. 그룹 경영에 있어서도 아들과 딸을 구분하지 않겠다는 의사 표현인 셈이다.

이런 이유로 이건희 회장의 차녀인 이서현 삼성물산 패션부문 사장은 세계적인 디자인학교 파슨스 디자인스쿨에서 공부한 후 전공을 살려 패션 분야에서 두각을 나타내고 있다. 반면 어릴 때부터 명석했던 이건희 회장의 장녀 이부진 호텔신라 사장은 대원외고 졸업 후 연세대 아동복지학과를 졸업한 순수 국내파다.

금호그룹은 여성의 경영 참여를 금기시해왔으며 그 내용을 형제 공동경영합의서에 적어놓을 만큼 보수적이었다. 하지만 형제 전쟁 중인 박찬구 금호석유화학 회장의 딸인 박주형 상무가 경영에 참여하면서 그 불문율을 깨뜨렸다. 박주형 상무는 2012년 금호석유화학 지분을 0.6% 취득해 금호그룹 여성으로는 처음 대주주에 올랐다. 현재 구매와 자금 부분을 담당하고 있다. 아들도 금호석유화학 상무로 재직 중이다.

아들이 없는 집안은 아예 딸에게 후계자 교육을 시키며 경영 전반을 아우르도록 하고 있다. 대표적인 사례가 아모레퍼시픽그룹의 서경배 회장이다. 슬하에 딸만 둘인 서 회장은 장녀를 일찍부터 경영학을 공부하도록 했다. 미국 코넬 대학교에서 경영학을 공부했고 현재 한 컨설팅회사에 다니고 있다.

경영 수업과 경영 능력은 별개

어렸을 때부터 유학했다고 과연 경영을 잘할 수 있을까? 전문가들에게 경영 수업을 받으면 경영을 잘할 수 있을까?
이 질문에 자신 있게 답을 내놓을 사람은 거의 없다. 아무리 스펙이 뛰어나도 결론은 필드에서 결정되기 때문이다.

2002년 12월 초, 한화그룹 김승연 회장이 삼성그룹 비서실로 전화를 걸었다. 이건희 회장을 바꿔달라는 말에 삼성그룹 비서실에서는 잠시 망설였다. 전화 연결 여부에 대해 망설이던 비서실에서는 김승연 회장이 직접 전화를 걸었다면 타당한 이유가 있을 것이라고 생각해 이건희 회장에게 연결시켰다.

이 전화에서 김승연 회장은 "선배님, 제가 대한생명을 인수하려고 하는데 절대 선배님께 누가 되지 않도록 하겠습니다"라고 말하며 양해를 구했다. 당시 삼성생명은 명실상부한 생명보험업계의 선두주자였다. 대한생명(현 한화생명)은 교보생명과 2, 3위를 다투던 실정이라 삼성생명을 경쟁 상대로 여기지 않겠다는 뜻을 사전에 전달한 것이다. 한마디로 삼성을 넘보지 않고 현 시장 점유율 범위 내에서 영업 활동을 하겠다는 의미였다.

기업과 기업이 서로 경쟁관계인 것은 분명하지만 이처럼 사전에 전화로 양해를 구한다는 것은 경영자로서 현명한 행동이라고 할 만하다.

김승연 회장은 한화그룹이 성장 정체기에 부딪히거나 위기에 봉착할 때마다 과감한 매각이나 인수합병(M&A)으로 활로를 뚫어왔다. 외환위기 당시에 그룹의 핵심사업 중 하나였던 한화에너지 정유사업부문을 매각한 것이 대표적인 사례다.

인수합병에서도 통 큰 결정을 과감하게 진행했다. 한화그룹이 대한생명을 인수할 당시 대한생명의 누적 손실은 2조 3000억 원이었다. 누적 손실이 많던 회사를 인수한 지 10년 후인 2013년에 3550억 원을 벌어들이는 회사로 탈바꿈시켰다. 사업적인 성공뿐 아니라 금융과 보험을 한화그룹 사업 포트폴리오의 주요 축으로 만드는 데도 성공했다.

또한 김승연 회장은 석유화학기업인 삼성종합화학과 삼성토탈, 방위산업체인 삼성테크윈과 삼성텔레스를 2조 원에 전격적으로 인수했다. 그 결과, 한화그룹은 방산 분야와 화학 분야에서 확고한 선점효과를 누렸으며 특히 방산 분야에서 1위로 도약했다.

:: 답은 결국 필드 ::

사실 김승연 회장은 경영 수업을 많이 받지 못했다. 1981년 한화그룹 창업주인 김종희 전 회장의 갑작스런 타계로 이른 나이에 재벌 총수라는 타이틀을 달고 재계에 등장했다. 이런 등장에 재계에서는 기대보다 우려의 시선이 많았다. 김종희 전 회장의 카리스마가 워낙 강한 이유도 있었지만 그보다 재벌 2세로 등장한 김승연 회장의 경영 능력에 대한 검증이 안 됐기 때문이었다.

하지만 김승연 회장은 실전에 강한 경영인이었다. 취임 이듬해인 1982년 한양화학(현 한화케미칼)과 경인에너지를 인수하는 모험을 강행했다. 그룹 안팎에서 우려의 목소리가 들렸지만 김승연 회장은 대주주들을 설득해 인수를 밀어 붙였다. 이후의 경영 행보에서도 김승연 회장의 승부사 기질은 여실하게 드러났다. 명성그룹 5개 계열사를 인수해 콘도를 비롯한 레저산업에 진출했고, 한양유통(현 한화갤러리아)을 인수해 유통업에도 진출했다. 그리고 인수한 회사를 성공적으로 시장에 안착시켰다.

김승연 회장은 한 번 인연을 맺으면 끝까지 챙긴다고 해서 '의리 경영'이라고도 하는데 직원들이 이 의리 경영에 대해 상당히 큰 자부심을 갖고 있다. 의리 경영과 관련한 일화가 있다.

외환위기 때 한화그룹 역시 구조조정을 피해갈 수 없었다. 직원들을 내보내야 하는 상황에 처하자 김승연 회장이 "나는 가정 파괴범이나 다름없다. 내가 경영을 잘 했으면 직원들을 몰아내는 일은 없었을 것"이라고 통한의 눈물을 흘렸다는 이야기는 직원들에게도 깊은 울림을 주었다. 회사 상황이 어려워져 나갈 수밖에 없지만 회장의 진정성을 이해했기에 다른 기업에 비해 구조조정의 과정이 덜 뼈아팠다. 아버지의 경영 모습을 본 김승연 회장은 직원들의 어려움에 대해 공감하는 한편, 그룹을 재조정해야 할 때는 과감하게 치고 나가 매각이나 인수합병 등의 승부수를 띄우는 경영 능력을 발휘했다.

우리가 재벌 3세를 눈여겨봐야 하는 이유가 바로 여기에 있다. 현재 재벌 3세 대부분은 어릴 때부터 유학을 가는 바람에 우리나라 정서에 밝지 않다. 또한 일반인과 동떨어진 생활을 했기 때문에 일반인이 느끼는 정서를 이해하기 힘들다. "빵을 못 사먹는다"라고 누군가 말하면 "고기를 사먹으면 된다"라고 말할 수도 있다. 유학을 통해 제아무리 좋은 학벌을 쌓았다고 해도 그것이 현실에서 제대로 발휘될지는 앞으로 지켜봐야 한다.

여자를 가로막던 벽이 무너지는 중

시대가 변함에 따라 재벌의 기업 경영방식도 변하고 있다. 그중 하나가 여성의 경영 참여다.
창업주는 딸들의 경영 참여에 대해 부정적이었다. 하지만 2, 3세로 넘어가면서 딸들의 경영 참여가 점점 활발해지고 있다.

같은 그룹이지만 삼성과 LG는 여러 면에서 상반된 모습을 보여주고 있다. '관리의 삼성'이라는 말에서 알 수 있듯이 삼성은 철저한 시스템 아래에서 움직인다. 그 철저한 시스템 때문에 비인간적으로 보이기도 하지만 업무를 깔끔하고 매끄럽게 처리하는 문화를 구축하고 있다. 이런 철저한 전략과 관리는 오늘의 초일류기업 삼성을 만든 비결이기도 하다. 반면 '인화'를 중시하는 LG는 개개인의 능력보다 조직의 화합과 융화, 팀워크에 중점을 두고 있다. 삼성은 구성원의 실수에 냉정하지만 LG는 구성원이 실수를 해도 기회를 준다.

삼성과 LG는 여성의 경영 참여에 있어서도 극과 극의 시각을 갖고 있다. 이병철 전 회장은 딸들의 경영 참여에 긍정적인 생각을 갖고 있었다. 장녀 이인희 고문은 지금까지 한솔그룹 경영에 적극적으로 참여하고 있다. 막내딸 이명희 회장은 신세계그룹을 이끈 여장부다. 젊었을 때부터 이병철 전 회장을 가까운 거리에서 보좌하며 아버지의 경영 스타일을 공부해왔다. '한 번 믿은 사람은 끝까지 간다'라는 철칙 아래 상당히 통 큰 경영 스타일을 갖고 있는 여장부 스타일의 경영인이다.

LG그룹은 지금까지 철저하게 장자 승계원칙을 지켜오고 있다. 장자 승계뿐만 아니라 딸들의 경영 참여도 배제하고 있다. 구인회 창업주는 6남 4녀를 두었지만 경영에 참여한 딸은 없다. 이는 구인회 전 회장의 아들인 구자경 명예회장 시절에도 마찬가지였다. 구자경 명예회장은 4남 2녀를 두었는데 두 딸은 경영에 일절 참여를 하지 않았다.

가부장적인 가풍을 갖고 있는 LG그룹은 철저하게 장자 승계원칙을 고수하고 있다. 이런 흐름은 구본무 회장 이후에도 지속될 것으로 보인다.

구본무 회장은 슬하에 1남 1녀를 두고 있었는데 1994년 아들이 갑작스럽게 세상을 떠났다. 이듬해 구본무 회장은 자식을 얻었지만 안타깝게도 LG그룹의 가풍처럼 장자의 대를 이을 아들이 아닌 딸이었다. 결국 구자경 명예회장의 차남이자 구본무 회장의 동생인 구본능 희성그룹 회장의 아들 구광모 상무를 양자로 입적하기로 했다. 2004년 구광모 상무는 구본무 회장의 아들로 호적에 올랐다.

이처럼 다른 삼성그룹과 LG그룹이 혼사를 통해 한 가족을 이룬 사실이 흥미롭다. 바로 LG그룹 창업주 구인회 전 회장의 3남인 구자학 아워홈 회장과 이병철 전 회장의 차녀인 이숙희 씨의 결혼이다. 1957년 두 사람의 결혼은 당시 산업계 양대 라이벌 가문의 혼사라는 점에서 많은 관심을 끌었다. 삼성그룹은 딸들에게 개방적이라 앞에서 말한 것처럼 이인희 고문, 이명희 회장은 활발하게 경영에 참여했지만 LG가로 시집을 간 이숙희 씨는 시댁의 가풍에 따라 경영에 참여하지 않고 내조에 전념했다.

:: 딸들의 경영시대가 열리다 ::

집안 가풍에 따라 조금씩 차이가 있지만 재벌 2, 3세로 넘어가면서 딸들의 경영 참여가 늘어나고 있다. 아들은 유학을 보내 공부를 시키고, 딸은 국내에서 대학을 졸업시킨 후 정해둔 집안으로 바로 결혼을 시킨 것이 재벌 2세의 코스였다면 3세부터는 딸도 아들과 마찬가지로 유학을 보낸다. 유학을 마치면 그룹으로 들어가 경영 수업을 받게 하는 것이 하나의 코스처럼 되고 있다.

대표적인 예가 보령제약 김은선 회장이다. 보령제약그룹 창업주인 김승호 회장은 딸만 넷이었다. 첫째 김은선 회장은 1986년 보령제약에 입사해 기획과 마케팅 부서에서 일했다. 용각산, 겔포스 등이 유명해진 데에는 마케팅 분야에서 활약한 김은선 회장의 역할이 상당히 컸다. 창업주의 딸이지만 부모의 배경과 더불어 개인 스스로의 역량을 착실히 다져나간 것이다. 특히 재벌가의 딸들이 남편과 함께 일을 해나가는 것과 달리 김은선 회장은 스스로 전면에 나섰다는 점에서 '사위 경영'이 아니라 '딸 경영'의 효시라고 할 수 있다.

오랜 기간 후계자 수업을 착실히 받은 김은선 회장은 2000년 기획실 사장을 맡으며 경영에 나섰고 합격점을 받은 후에는 그룹 부회장이 되었다. 그러다가 2009년 보령제약 회장 자리에 올랐다. 김승호 회장의 막내딸인 김은정 보령메디앙스 부회장도 경영에 적극적으로 참여하고 있다.

이러한 딸의 경영 참여 가운데 주목할 만한 사람이 CJ그룹 이미경 부회장이다. 이맹희 전 제일비료 회장의 장녀인 이미경 부회장은 일찍부터 경영에 참여해 영화, 방송 등 국내 엔터테인먼트를 이끈 사람이라고 해도 과언이 아니다. 특히 엔터테인먼트의 개념이 없던 1990년대 초반부터 매출 여부와 관계없이 적극적이고 공격적인 투자를 진행했다. 문화산업의 경우 미래를 보는 혜안과 장기적인 투자가 반드시 필요하다는 점에서 이미경 부회장의 뚝심 있는 경영은 문화산업에 있어 제격이었다. 그 결과, 1995년 드림웍스와의 투자 협상을 성사시키기도 했으며 지금까지 한국 엔터테인먼트를 이끄는 수장의 역할을 톡톡히 했다. 이런 마중물이 한국의 엔터테인먼트 산업을 발전시켜 한류 열풍의 초석을 만들었다는 점과 관련해서 이미경 부회장이 새롭게 평가받아야 하는 지점이다.

이미경 부회장은 동생인 이재현 CJ그룹 회장과 우애가 깊은 것으로도 유명하다. 이런 우애가 CJ그룹을 발전시키는 큰 힘이 된 것으로 평가되고 있다. 그러나 아쉽게도 현재 이미경 부회장은 지병치료 때문에 미국에서 요양을 하고 있다.

형제들의 살벌한 재산 싸움

{ 집안싸움이 없는 재벌가는 거의 없다고 해도 틀린 말이 아니다. 싸우지
않은 집안은 이상하게 생각될 정도로 대부분 재산 분쟁을 벌이고 있다.
재벌가에서는 왜 싸우고, 어떤 경우에 재산 분쟁이 일어날까?
그 유형을 보면 창업주세대와 2, 3세가 어떻게 다르고 집안에 따라 싸
움 형태도 다르다는 것을 알 수 있다. }

창업주가 생존해 있을 때 싸움은 대부분 창업 형제간 분쟁이다.
재벌 1세대들은 형제나 친척들과 함께 가내 공업형태로 사업을 일
으킨다. 그러다가 기업 규모가 커지면서 창업했던 형제간 갈등이
시작된다. 특히 창업주가 같이 고생했던 동생이 아닌 자신의 자녀
에게 물려주려고 할 때 큰 분쟁이 발생한다.

:: 1세대의 형제간 분쟁 ::

정주영 전 회장과 한라그룹 정인영 명예회장과의 갈등은 한때

재계에서나 사회적으로 큰 화제가 됐다. 형인 정주영 전 회장을 도 와 오늘의 현대그룹을 일으키는 데 일조했던 정인영 명예회장은 결국 현대양행을 들고 나왔다.

한진그룹 창업주인 조중훈 전 회장과 함께 경영에 참여했던 형 제들도 갈등을 겪었다. 형과는 일찍 결별했고, 동생인 조중건 전 부회장과는 마지막까지 신경전을 벌였다. 결국 조중건 전 부회장 이 그룹 경영에서 손을 완전히 떼게 된다. 사실 조중건 전 부회장 은 한진그룹이 월남전 특수에 뛰어들 때 절대적인 공헌을 한 창업 공신이나 마찬가지였다. 그러나 형인 조중훈 전 회장은 조금도 양 보하지 않았고 오직 아들 4형제에게만 물려줬다.

조중훈 전 회장은 장남에게 모기업인 대한항공을, 차남에게 한 진중공업을, 3남에게 한진해운을, 막내에게 금융업을 주는 것으로 일찌감치 정리하면서 사후 분쟁이 없도록 신경을 썼다. 하지만 그 가 타계하고 얼마 지나지 않아 형제끼리 서로 소송을 제기해 재계 의 입방아를 낳았다. 지금도 껄끄러운 상태라는 소문이 있다.

:: 2세대도 피할 수 없었다 ::

이러한 형제들의 분쟁은 2세에 들어서도 대부분 일어나고 있다. 특히 창업주가 생전에 정리하지 않고 돌아갔을 때 분쟁이 일어난 다. 대표적인 예가 한화그룹 김승연, 김호연 형제의 싸움이다. 이

싸움 때문에 김승연 회장은 구속이라는 비운을 맛보기도 했다. 동생인 김호연 회장이 빙그레를 분가해 나오는 것으로 정리되었지만 1990년대 초반 이 형제의 싸움은 많은 이슈를 만들었다.

창업주가 그러한 분쟁을 막기 위해 생전에 주식 정리와 경영 훈련 등 여러 가지 장치를 마련하지만 별반 소용이 없다.

창업주의 형제들 분쟁 다음으로 많은 분쟁이 일어나는 경우가 집안 사정이 복잡할 때다. 즉, 서자들이 많거나 첩의 입김이 센 집안은 창업주가 죽으면 거의 재산 싸움을 벌인다. 서자들이 상속재산에 대한 소(訴)를 제기해 법정 공방을 벌인 기업은 수없이 많다.

지금은 경영권을 잃었지만 동아그룹 최원석 당시 회장을 상대로 이복 자매들이 소를 제기한 적이 있었다. 파라다이스그룹 전필립 회장을 상대로 이복 자매들이 재산 분할소송을 낸 적도 있다. 자식들이 거액을 마련해 무마하면 그나마 다행이지만 경영권을 놓고 법정 공방을 벌이면서 싸움이 치열해지면 그룹의 존립까지 위험에 처하기도 한다.

특히 본부인의 자녀들과 이복형제가 심한 갈등을 겪는 경우도 많다. 동아제약으로 유명한 동아쏘시오그룹 강신호 회장 가족의 갈등이 대표적인 예다. 강신호 회장은 본부인과의 사이에 2남(장남 강의석 씨, 차남 강문석 씨)을, 둘째 부인 사이에 2남 2녀를 뒀다. 강의석 씨는 건강상의 이유로 처음부터 경영에 참여하지 않았고 대신 차남 강문석 씨가 경영에 깊숙이 관여했다. 그래서 그가 그룹을 물려받을 것으로 알려졌다. 하지만 강신호 회장은 둘째 부인의 아들 중 하나이자 4남을 후계자로 지목했다. 그 과정에서 갈등이 있었지만 차남에게 계열사인 수석무역을 주는 것으로 정리했다. 이 갈등은 한동안 세간의 관심을 끌었으나 결국 둘째 부인의 아들이 이긴 것이 되었다.

대한전선의 설경동 창업주는 둘째 부인의 아들인 3남 설원량 전 회장에게 경영권을 물려줬다. 이때 장·차남과의 갈등이 있었다. 설원량 전 회장은 대한전선을 잘 이끌어 내실 있는 경영을 해온 것으로 평가받았다. 하지만 설원량 전 회장이 2004년 갑자기 뇌출혈로 사망하고 아들인 설윤석 전 사장이 고군분투했으나 경영 상태가 나아지지 않아 결국 경영권을 포기했다. 이로써 대한전선은 58년간의 설씨 가문에서 막을 내리고 말았다.

한일합섬으로 유명했던 한일그룹도 모기업은 장남인 김중원 씨가 물려받았으나 한효건설과 서울 다동의 사옥 등은 이복동생에게 돌아갔다. 알짜 기업과 부동산을 이복동생이 차지하자 재계에는 한동안 말이 많았다. 지금은 모기업도, 한효건설도 모두 주인이 바뀌었다.

:: 3세대에서는 과연… ::

자식들이 공부를 잘한 집안도 싸움이 잦은 편이다. 자식 농사를 잘 지은 재벌 집안으로 금호그룹, 대성그룹, 두산그룹, 아남그룹 등을 꼽는다. 자식들이 일류대학을 나와 한때 다른 재벌 집안으로부터 부러움을 받기도 했다. 그러나 2세에 이르러 극심한 형제간 분쟁을 겪는 것을 보면 공부를 잘했어도 재산 앞에서는 소용이 없다는 속설을 남겼다. 여기서 금호그룹과 관련된 형제의 난은 조금 색다르게 접근할 필요가 있다.

따지고 보면 2세가 아닌 3세들이 경영에 참여하면서 비롯됐다고 보는 것이 더 정확하다고 그룹에 정통한 인사는 말한다. 즉, 박삼구 회장(3남)의 아들 박세창, 고(故) 박정구 전 회장(2남) 아들 박철완, 박찬구 금호석유화학 회장(4남) 아들 박준경 씨 등이 경영에 본격적으로 합류하면서 이견을 보이기 시작했다는 것이다.

금호그룹 박인천 창업주는 생전에 5남 3녀를 두었다. 5남이자 막내인 박종구 초당대학교 총장만 빼고 나머지 아들들은 모두 경영에 참여했다.

장남인 박성용 전 회장이 2대 회장직을 유지하다가 65세가 되면서 동생인 박정구 전 회장이 3대 회장을 맡게 되었다. 형제 경영을 위해 65세가 되면 동생에게 회장직을 넘기기로 했기 때문이다. 그런데 박정구 전 회장이 갑작스럽게 사망하면서 3남인 박삼구 회장이 경영권을 이어 받았다. 공교롭게도 4형제는 아들을 하나씩만 두었는데 이 중에서 박성용 전 회장의 아들이자 금호가의 장손인 박재영 씨는 경영권을 포기하고 미국으로 갔으며 나머지 3명은 자

금호그룹 가계도

연스럽게 회사 경영에 합류했다.

2009년 박삼구 회장이 무리하게 대우건설을 인수한 결과, 문제가 발생하면서 동생인 박찬구 회장과 갈등이 불거졌다. 그런 와중에 박정구 전 회장의 아들이 박찬구 회장 밑으로 가면서 박삼구 회장 가족과 박정구, 박찬구 회장 가족 간의 갈등으로 비화됐다. 현재 박삼구 회장의 아들은 금호그룹 사장, 박정구 전 회장의 아들과 박찬구 회장의 아들은 금호석유화학 상무로 재직 중이다. 이렇게 형제의 난으로 비쳐진 것도 따지고 보면 3세들의 참여에 따른 갈등이 한 원인이라고 봐도 될 것이다.

한 가지 눈여겨 볼 것은 선대에서 분쟁을 벌인 집안은 후대에도 분쟁을 벌인다는 사실이다. 금호그룹 창업주인 박인천 전 회장도 동생과 갈등을 빚은 적이 있다. 금호타이어 전신인 삼양타이어공업을 갖고 동생이 분가하면서 마무리가 됐지만 많은 뒷말을 남겼다.

현대그룹 창업주인 정주영 전 회장도 동생 정인영 명예회장과 불협화음을 겪었으며 그 뒤에 정주영 전 회장의 아들들도 마찬가지였다. 롯데그룹 역시 신격호 총괄회장이 동생들과 극심한 분쟁을 겪었고 현재는 아들들이 그 전철을 밟고 있다. 이처럼 재벌가들은 창업주의 형제 싸움이 2, 3세로 이어지는 경우가 많다. '재벌 총수'라는 '왕권'을 누가 차지하느냐를 놓고 피붙이 간 골육상쟁을 벌이는 것이다.

이들의 싸움을 지켜보는 일반인들 입장에서는 이해가 힘들 수 있다. 태어날 때부터 금수저를 물고 나왔는데 무엇이 모자라서 싸우는가 하는 의구심이다. 하지만 이들은 '경영권'을 기업 논리가 아닌 '권력'으로 생각해 부모, 형제 상관없이 치열한 싸움을 하고 있다.

재벌 3세의 현재

그들만의 성

　재벌 3세들은 그들만의 성에서 '신(新)귀족'으로 성장한다. 과연 신귀족들이 할아버지(창업주), 아버지(2세)가 그룹을 이끌고 성장시켰던 것처럼 경쟁의 파고를 넘을 수 있을까?

　3세의 현재를 따라가다 보면 3세의 사고와 앞으로 보여줄 행보가 읽힌다. 그들은 현재 어떻게 생각하고 움직이는지 따라가 보자.

3세, 그들은 어떻게 태어나는가?

{ 재벌 3세는 태어나는 게 아니라 만들어지고 관리되는 것이다. 그들은 마치 미래의 여왕벌처럼 철저한 제왕 교육과 주식 양도, 치밀한 시나리오를 바탕으로 미래의 대권 승계를 위해 그룹 전체의 폭넓은 지원을 받고 있다. }

요즘 3세의 경영권 승계가 많은 사람의 관심을 끌고 있다. 삼성그룹의 이재용 부회장, LG그룹의 구광모 상무, 현대자동차그룹의 정의선 부회장, 아모레퍼시픽그룹 (서경배 회장의 장녀) 서민정 씨, 현대중공업그룹의 정기선 전무 등이 언론의 스포트라이트를 받는 대표적인 재벌 3세들이다.

재벌 3세는 태어난다기보다 '재벌 3세로 키워진다'라는 말이 맞을 정도로 그룹 내의 치밀한 관리와 지원을 받고 있다. 각 그룹의 가풍과 여건에 맞게 제왕 교육을 받는 것은 물론이며 마치 여왕벌이 애벌레시절부터 로열 젤리만 먹고 자라나 남다른 발육과 능력을 발휘하게 되는 것처럼 편법에 가까운 우선주 증여와 지분 양도, 합법적인 출자구조 등을 통해 후계자로 성장할 수 있도록 그룹 전체의 지원을 받고 있다.

LG그룹의 후계자로 인정받고 있는 구광모 상무는 LG가의 엄격한 장자 승계원칙에 따라 차분히 후계자 수업을 받고 있다. 사실 구광모 상무는 딸만 있는 구본무 회장이 그룹의 장자 승계원칙을 지키기 위해 동생인 희성그룹 구본능 회장의 아들을 호적에 입적시키며 데리고 온 양자다.

아직은 구본무 회장이 활발하게 회장직을 수행하고 있어서 경영권 승계를 운운하는 것은 성급하다는 이야기가 있지만 구광모 상무는 LG에 입사한 후부터 꾸준하게 지분율을 높이고 있다. 구광모 상무가 거쳤던 LG 시너지팀은 그룹 내 신사업을 발굴하면서 계열사 사업을 점검하고 조정하는 역할을 맡고 있다. 경영 수업이 한창인 그에게 최적의 자리라는 게 주위의 평이다.

:: 20대 주식부호 1위 ::

K 뷰티의 가장 큰 수혜를 받고 있는 아모레퍼시픽그룹은 여성이 일하기 좋은 기업으로 알려져 있다. 시차출근제도, 지정 휴일제, 현장 출퇴근제도 등 업무 편의를 위해 다양한 제도가 시행되고 있으며 화장품업계의 특성을 그대로 반영한 수평적 문화와 여

성의 경영 참여를 장려하는 서경배 회장의 뜻이 많이 반영되고
있다.

여기서 우리는 서경배 회장 못지않은 아모레퍼시픽그룹의 주
식 부자가 있다는 것을 주목해야 한다. 바로 아모레퍼시픽그룹의
후계자이며 우리나라 20대 주식 부자 중 압도적인 1위를 차지하
고 있는 서민정 씨다(서경배 회장은 아들 없이 딸만 둘이다). 현재 미
국 코넬 대학교를 졸업하고 유명 컨설팅회사에서 다니고 있는 서
민정 씨는 다른 재벌 2세의 딸이 예술이나 디자인 분야를 전공한
것과 달리 정통 경영학도로 알려져 있다. 서민정 씨가 다니고 있는
컨설팅회사는 SK그룹 최태원 회장의 장녀 등이 거쳐 간 경영사관
학교로 알려져 있다.

자료에 따르면, 서민정 씨는 (상장사뿐만 아니라 비상장사를 포함
해) 4000억 원 이상의 주식 자산가로 알려졌는데 어렸을 때부터
꾸준하게 지분을 받았기 때문이다. 이뿐 아니라 외할아버지인 농
심그룹의 신춘호 회장에게도 농심홀딩스의 지분을 받았다. 친가,
외가 모두에게서 든든한 지원을 받고 있는 것이다.

아직 서경배 회장이 상대적으로 젊고 활기 있게 경영을 하고 있
기 때문에 경영권 승계에 대해 아무것도 정해져 있지 않다는 것이
아모레퍼시픽그룹의 공식 입장이다.

아모레퍼시픽그룹의 승계에 관심이 모아지는 또 다른 이유가 있
다. 바로 여성 경영인의 재등장이다.

아모레퍼시픽그룹은 서민정 씨의 증조할머니인 고(故) 윤독정 여사로부터 시작되었다. 서민정 씨가 경영권을 승계받으면 3세대 만에 여성 경영인이 재등장하게 되니 한국 재벌 역사상 특이한 사례라 할 수 있다.

:: 곱지 않은 눈 ::

그룹과 가족들의 이러한 지원과 도움에도 불구하고 재벌 3세들에 대한 시선이 반드시 호의적인 것만은 아니다. 자녀를 기르는 재벌가의 과정에서 일반인들과는 다른 특혜가 포함되는 경우가 많기 때문이다. 특히 특별한 교육 환경 속에서 자라기 위해 입학과 관련된 비리가 많다.

A 회장은 아들을 한 외국인 학교에 입학시켰는데 나중에 이 부분이 문제가 되었다. 몇 년 사이에 외국인 학교의 입학 조건이 많이 까다로워지자 A 회장은 아들의 모 국가 영주권을 내세워 입학시켰다. 그런데 A 회장과 아들은 단 하루도 그 국가에서 생활한 적이 없었다.

외국인 학교는 3년 이상 해외에서 거주했거나 예외적으로 외국 시민권자 또는 영주권자들에 한해 입학을 허락한다. 물론 일반인은 시민권이나 영주권을 얻기가 좀처럼 쉽지 않다. A 회장이 제시한 그 국가는 현지에 일정 금액 이상을 투자해 창업하거나 현지

기업 또는 재단에 투자하면 본인뿐만 아니라 가족에게도 영주권을 주고 있었다.

법적으로 아무런 문제가 없다고 해도 일반인들은 A 회장에게 문제가 있다고 본다. 이러한 시선을 재벌들이 이제부터 알아야 한다.

초등학교 때부터 시작되는 학맥 맺기

{ 3세들은 어린 시절부터 우수한 사립 초등학교를 시작으로 치밀한 학맥 관리에 들어간다. 이후에 하버드를 비롯한 세계적인 명문대학에 진학해 그들만의 리그를 만들며 눈에 보이지 않는 탄탄한 경영자산을 쌓는 기반을 마련한다. }

　재벌가에는 '이재용 코스'라고 불리는 정통 엘리트 교육 코스가 있다. '경기초등학교 → 서울대학교 → 게이오기주쿠 대학교 경영대학원 → 하버드 대학교 경영대학원' 등으로 이어지는 코스다. 화려하면서 안정적인 학력 관리라고 일컬어진다.

　이재용 부회장은 세계 명문대학 가운데서도 인지도가 가장 높기 때문에 게이오기주쿠 대학교, 하버드 대학교를 선택했다고 본다. 1858년에 설립된 게이오기주쿠 대학교는 뛰어난 인지도 때문에 일본뿐만 아니라 세계의 인재가 몰려들고 있다. 특히 이과를 중심으로 한 공대의 학문적 성취가 뛰어난 곳이라 현재 삼성그룹에서 운영하는 반도체나 전자사업에 도움을 많이 받을 수 있다는 계산까지 깔려 있을 것이다.

하버드 대학교도 머리가 좋기로 유명한 유대인들이 전체 구성원의 30% 이상을 차지할 정도이며 미국을 비롯한 전 세계의 정치와 경제계에 엄청난 학맥을 구성하고 있다. 숨어 있는 명문보다 3살짜리에게도 널리 알려진 대학이 모든 면에서 유리하다는 판단을 한 것이다.

:: 초등학교부터 시작되는 그들만의 리그 ::

재벌 3세들의 학력 관리는 초등학교 때부터 치밀하게 계산된다. 이재용 부회장을 비롯해 삼성가의 3세들은 경기초등학교를 졸업했다. 경기초등학교는 시설 면에서 다른 학교와 비교가 안 될 정도로 우수하고 15명 소그룹으로 나눠서 공부를 시키며 1학년 때부터 중국어 교육까지 실시해 학부모들의 만족도가 높다.

그렇다면 많은 재벌가에서 경기초등학교, 리라초등학교, 경복초등학교와 같은 사립학교에 자녀들을 왜 입학시키는 걸까? 일반인들은 그저 학습 환경이나 시설이 좋기 때문으로 생각하기 쉽다. 하지만 진짜 답은 '인맥 관리'에 있다. 같은 학교를 다니며 맺어진 인연이 훗날 화려한 인맥으로 빛을 발하게 되기 때문이다. 이런 이유로 재벌가의 자제들은 엄마 손에 이끌려 초등학교에 입학하는 순간부터 평생 동안 끈끈하게 이어질 학맥과 인맥 형성의 첫발을 디디게 된다.

사실 우리나라는 아무리 재벌가라고 해도 중학교, 고등학교, 대학교에 대한 선택권이 그렇게 크지 않다. 성적이 아주 뛰어나서 과학고 등의 특수고를 가지 않는 이상 집에서 가까운 학교에 다녀야 한다. 그런 점에서 재력만 있으면 입학하기 쉬운 사립초등학교는 재벌가 자제들에게는 아주 좋은 기회다. 초등학교 입학과 동시에 평생 이어지는 학맥을 만들 수 있다는 점에서 사립초등학교는 하나의 코스가 된다.

:: 공들여 만든 학맥이 빛을 발하는 순간 ::

'사람 알아보는 데 귀신'이라는 이병철 전 회장과 '사람 관찰하는 것이 취미'라는 이건희 회장이 공들여 쌓아준 이재용 부회장의 학맥은 지금 삼성그룹 발전에 적지 않은 자산이 되고 있다.

2014년 이재용 부회장의 초대로 페이스북 최고 경영자인 마크 저커버그가 삼성그룹 본사에 방문했다. 2시간 동안 만찬을 함께 하면서 여러 사업에 대해 깊은 대화를 나눴다고 한다. 또한 삼성과 한화의 빅딜을 성사시킨 주역인 김동관 전무도 이재용 부회장과 하버드 동문으로 알려져 있다.

사업과 관련해서는 여러 가지 이해관계가 있겠지만 젊은 경영자라는 공통점 외에도 학교 동문이라는 구체적인 동질감과 신뢰감이 서로를 좀 더 가깝게 만들어준 것으로 보인다. 어느 정도 학맥이 빛을 발했다고 볼 수 있겠다.

이재용 부회장도 평범한 아빠와 마찬가지로 자녀 교육에 많은 관심을 기울였다. 아직 베일에 싸인 아들이 초등학교에 입학하게 되자 많은 사람의 관심을 받게 되었다. 그런데 이재용 부회장은 자신이 졸업한 경기초등학교가 아니라 당시에는 다소 낯선 영훈초등학교를 선택했다. 처음에는 소문을 듣고 영훈초등학교를 찾아온 엄마들이 강북구 미아동의 재래시장 골목에 위치한 것을 보며 고개를 갸웃거렸다고 한다.

영훈초등학교는 우리나라에서 처음으로 열린 교육을 실시했으며 체벌 없는 학교, 시험 없는 학교로 유명한데 이 점이 이재용 부회장의 마음을 사로잡았다고 보인다. 요즘은 불미스러운 일로 인해 명성이 이전 같지 않다고 알려져 있다.

창업주나 2세들이 주로 미국이나 일본에서 유학 코스를 밟고 학맥을 만들었다면 3세들은 중국에 많은 관심을 기울이고 있다. SK그룹 최태원 회장의 두 딸은 북경에서 고등학교를 마쳤으며, 최신원 SK네트웍스 회장의 아들도 상하이의 명문인 푸단 대학교를 다녔다. 물론 학맥에 신경을 쓰지 않은 회장들도 있었다.

현대자동차그룹의 정몽구 회장은 1959년 명문 경복고등학교를 졸업한 뒤 1963년 한양대학교 공업경영학과에서 학사과정을 마쳤다. 대학원 진학이나 유학과정은 밟지 않았다. 한양공대는 우리나라에서 가장 실리적이고 현장 중심적인 학풍을 자랑하는 공대 중 하나다. 이와 관련해 정몽구 회장의 자부심이 대단한 것으로 알려져 있다.

그의 부친인 정주영 전 회장의 일화는 더욱 드라마틱하다. 경부고속도로를 건설할 당시 정주영 전 회장이 박정희 전 대통령과 긴요한 회의를 하게 됐다. 이야기를 나누던 박정희 전 대통령이 "정 회장께서는 고향인 통천에서 소학교만 졸업한 걸로 아는데 고속도로 건설 분야도 막힘이 없고 유학을 다녀온 직원들도 능숙하게 다루니 그 비결이 뭐요?"하고 물었다. 정주영 전 회장은 다음과 같이 대답했다.

"우선 고향에서 할아버지께 한학을 깊이 배운 덕분에《논어》,《대학》등을 즐겨 읽어 사람에 대해 잘 알게 됐습니다. 다음은 '신문대학'을 다니는 것이 또 다른 비결입니다. 아무리 유학을 다녀온 사람이라 해도 매일매일 꾸준하게 신문을 정독하는 저를 당할 수는 없다고 생각합니다."[11]

학맥과 인맥에 목숨을 거는 요즘 세태에 거대한 기업을 일군 창업주가 던지는 중요한 교훈이다.

그들은 어떻게 공부하는가?

{ 부를 타고났다고 해도 꼭 해야 할 일들이 있다. 그중에서 제일 중요한 것이 바로 남들에 비해 많이 누리고 대우받는 만큼 열심히 공부하고 능력을 키워서 그룹을 더 발전시켜야 하는 책임감이다. 이를 위해 3세들은 부모가 선택한 학교와 유학의 혜택이 주어진다. 그들은 어떤 교육과정을 통해 미래의 회장으로 길러지는지 살펴본다. }

　국내 재벌이 가장 관심을 쏟는 일이 2가지가 있다. 하나는 그룹을 확장시켜 수익을 높이는 것이고 다른 하나는 차기 경영권 확보를 위한 후계 구도를 만드는 일이다. 후계 구도의 확립을 위해서는 지분 양도를 비롯한 그룹 차원의 지원도 필요하지만 다른 한편으로 자리를 이어받을 후계자의 지식과 경험, 경영 능력, 품성을 키우는 일 역시 이에 못지않게 중요하다.

　아무리 능력이 뛰어난 재벌 회장이라고 해도 마음대로 되지 않는 일이 3가지 있다. 바로 건강, 골프, 자식이다. 아무리 돈이 많아도 몸이 아픈 것을 막을 수 없고 아무리 많은 돈을 주고 프로 골프

선수에게 배워도 골프 실력이 마음대로 늘지 않는다. 또한 어렸을 때부터 최고의 교육 환경과 과외 강사를 투입해 머릿속에 지식을 넣어주려고 해도 '공부머리'가 따라오지 않는 자식을 보는 회장들의 근심이 적지 않다.

:: 3세들을 위한 특화된 교육 코스 ::

〈동아일보〉 산업부에서 54명의 차세대 재계 리더들이 입사 전까지 받은 교육과정을 조사한 바에 따르면, 재벌가에서 가장 선호하는 초등학교는 크게 경기초등학교와 경복초등학교로 나뉜다고 한다. 이재용 부회장과 정유경 신세계백화점 총괄사장 등의 삼성가 사람들이 주로 경기초등학교를 다녔다면 정명이 현대커머셜 고문, 정의선 현대차 부회장 등은 경복초등학교를 다녔다.

이렇게 재벌가에서 특정 초등학교를 선호하는 이유는 명문가 자제를 맡아본 경험이 많아서 경호와 의전에 기민하며 적극적으로 보호해주기 때문이다. 재벌가 자제의 경우 신변 위험에 노출되기 쉬운데 외부인과 접촉할 여지가 있는 학교에서의 경호에 신경을 쓸 수밖에 없다.

초등학교를 졸업하면 이제 유학을 떠난다. 요즘은 중·고등학교 때부터 유학을 떠나는 것이 대세다. 재벌가에서는 미국의 명문 사립 고등학교인 세인트 폴 고등학교를 가장 선호한다. 재벌가에서 이 학교에 눈독을 들이는 가장 큰 이유 중 하나는 입학이 까다롭기로 소문난 콧대 높은 학교이기 때문이다. 아이러니하게도 이런 콧대 높은 분위기가 다른 사람들과 차별화된 삶을 원하는 재벌가의 입맛에 꼭 맞는 것이다. 그런데 이 학교가 미국에서도 최상류층의 학생들만 어렵게 입학할 수 있어 아무리 돈이 많은 재벌이라고 해도 자식들을 입학시키기가 쉽지 않다. 국내 재벌가 3세 중에서는 한화그룹의 김동관 전무, 효성그룹의 조현준 사장 등 몇 명만다닌 것으로 알려져 있다. 이 학교에 입학하기 위해서는 성적이 우수한 것은 기본 사항이며 무엇보다 면접관의 철저한 검증을 통과해야 한다. 나중에 어떤 말썽이라도 일으켜 학교 명예에 먹칠하는일을 막기 위해서다.

모 그룹의 회장이 자녀를 세인트 폴 고등학교에 입학시키기 위해 거액의 기부금을 약속했지만 학교 측에서 받아주지 않아 망신만 산 일이 있었다. 자신의 능력과 재력으로 원하는 일들의 대부분을 해결했던 재벌가 회장들도 여느 평범한 부모들처럼 마음대로되지 않는 자식들 때문에 속을 끓이고 있는 것이다.

:: 교묘한 학력 세탁 ::

재벌가 자제들은 사교육보다 과목별 개인 교사를 선호한다. 초등학교 저학년 때는 입주 개인 교사가 집에서 함께 생활하고, 초등학교 고학년이 되면 과목별로 개인 교사가 집에 와서 학습을 지원하는 맞춤 교육을 받는다. 또한 예체능 교육도 소수의 몇 명을 대상으로 하는 방식을 선호한다. 사람이 많으면 밖으로 나갈 소문이 두렵기 때문이다. 재벌가에서 가장 경계하는 것이 '입방아'인 만큼 그럴 만도 하다.

아무리 열심히 맞춤 교육을 시키고 훌륭한 개인 교사를 붙여 봐도 원하는 성과가 나오지 않으면 어쩔 수 없이 편법으로 학벌을 치장할 수밖에 없다. 가장 많이 쓰이는 방법이 체육이나 음악 특기생으로 명문대학에 진학시킨 뒤 적당한 시기에 경영학과 등으로 전과하도록 하는 것이다. 실제로 재벌 3세 B는 명문대인 C대학교를 졸업했다고 사람만 보면 자랑한다. 그러나 B는 일반인이 공부하기 어려운 하프를 전공해 음대로 간 다음, 경영학과로 전과했다.

이뿐 아니다. 재벌가 3세들 중에는 유독 D대 경영학과를 나왔다고 자랑하는 사람들이 많은데 사실 자세히 들여다보면 체육 특기생으로 입학했다가 전과한 경우가 수두룩하다. 이들은 일반인들이 쉽게 접근하기 어려운 사격, 승마, 요트, 카누 등을 선택해 대학에 입학한 뒤 미련 없이 경영학과 등으로 전과를 시도한다. E는 D대학교 체육학과에 진학한 뒤 미국으로 유학을 떠났다. 그 유학에서 MBA를 마쳤는데 이후 늘 미국 MBA를 최종 학력으로 내세운다. E의 학력란 어디에도 D대학교 체육학과에 다녔다는 기록은 없다.

물론 재벌가의 소신 있는 교육 방침이 3세와 4세를 비롯한 후손들에게 긍정적인 영향을 미친 경우도 많다. 그중에서 가장 대표적인 곳이 바로 두산가다.

두산가는 박두병 창업주 시절부터 반드시 '해외에서 공부한 경험이 있어야 한다'는 것을 강조했다. 이에 따라 3세를 넘어 4세까지 모두 미국에서 MBA 과정을 마쳤다. 또한 두산그룹에 들어오기 전에 반드시 다른 회사에서 '눈물 밥'을 먹어야 한다는 것을 중요하게 여기고 있다. 적당히 다른 회사에 입사했다가 슬그머니 두산으로 자리를 옮기라는 말이 아니다. 그야말로 자신 있게 자신의 경력을 이야기할 수 있을 정도로 열심히 일하다가 오라는 말이다.

사적인 일은 사적인 일

{ 창업자나 재벌 2세 때에는 이혼은 금기사항이었다. 조강지처를 버려서는 안 된다는 것이 재계의 '불문율'처럼 있었기 때문이다. 그러나 3세에 이르러서는 이혼에 대해서도, 재혼에 대해서도 별다른 제약을 받지 않고 있다. 사적인 일은 사적인 일이라는 생각이 강해지고 있는 것이다. }

한 남자가 신문사에 편지를 보냈다. 아내와의 성격 차이 때문에 결혼관계가 순탄치 않아서 별거하는 도중에 위로를 주는 또 다른 사람을 만났는데 이제 세상에 고백하고 아내와의 관계를 마무리하고 싶다는 내용의 편지였다. 큰 잘못을 한 것에 대해 어떠한 비난과 질타를 달게 받을 각오로 용기 내어 고백한다는 이 남자는 바로 SK그룹 최태원 회장이다.

최태원 회장은 결혼, 이혼 등은 '개인 최태원'의 사적인 일이니 자신의 손으로 결자해지(結者解之)해서 정리한 다음, '경영자 최태원'으로서 경영에 힘쓰겠다는 판단을 한 것으로 보인다.

요즘 재벌가에서는 이처럼 결혼, 이혼, 그리고 재혼은 사적인 일이라고 많이 생각하는 것 같다. 창업주의 경우 '두 집 살림을 하더라도 이혼은 하지 않는다'라는 것이 일종의 불문율처럼 있었지만 2세, 3세로 넘어가면서 그 불문율이 깨지고 이혼과 재혼은 경영과는 다른 개인사라는 인식이 많아지고 있다.

동아쏘시오그룹 강신호 회장은 오랫동안 사실혼 관계였던 사람과 살림을 차리고 생활했다. 본부인 역시 이를 알고 감내하고 살았다. 그러다 몇 년 전 정식으로 이혼하고 사실혼 관계였던 부인과 재혼했다. 김석원 전 회장(쌍용그룹), 최원석 전 회장(동아그룹) 등도 이혼을 하고 재혼했다.

신창재 교보생명 회장도 재혼을 했다. 산부인과 의사 출신인 신 회장은 원래 기업 경영에 관심을 갖고 있지 않았다. 신용호 창업주도 생전에 자식에게 기업을 물려줄 생각은 없다고 입버릇처럼 말했다. 하지만 창업주가 건강이 악화되자 기업 경영을 맡아 오늘에 이르렀다. 첫 번째 부인이 사망하자 몇 년 후 재혼했다.

김재철 동원그룹 회장 역시 사별로 재혼했다. 김 회장은 5년마다 가족사진을 찍는 등 부부애가 남달랐다. 여든 줄에 들어선 김 회장이 60대 여성과 재혼했다는 사실이 밝혀졌을 뿐 재혼한 부인에 대해서는 함구하고 있다. 기업 승계는 이미 대부분 정리되어 있어 특별히 문제가 될 것은 없다고 알려졌다.

사별 후 혼자 사는 재벌 회장도 많다. 쉽게 가정을 꾸리지 못하기 때문으로 보인다. 그래서 항간에서는 연로한 회장의 말벗이 되고 함께 있어줄 '침부(寢婦)'가 가장 인기 있는 직종이라는 이야기도 있다. 침부에게는 어느 정도의 교양은 물론 함께 생활해도 재산은 탐하지 말아야 한다는 까다로운 조건이 따른다. 모 회장은 침부와 생활하는 것으로 알려졌다.

:: 사적인 일이라고 해도 리스크는 있다 ::

재벌가에 이혼이나 재혼이 늘어도 크게 이슈가 되지 않는 것을 보면 사적인 일과 공적인 일을 구분하는 사회적 분위기가 조금씩 조성되는 것으로 조심스럽게 생각해본다. 그렇다고 해도 집안에 작은 잡음이라도 생기면 경영인이 경영에 집중하기 어렵다.

'가화만사성(家和萬事成)', 즉 집안이 화목하면 모든 일이 잘 된다는 말처럼 가정이 화목해야 경영에 더욱 매진할 수 있다는 것은 만고의 진리다.

신데렐라는 없다

우스갯소리로 하는 말 가운데 "예쁘고 잘 생기면 착한 거다"라는 말이
있다. 그 말이 요즘 이렇게 바뀌었다. "돈 많으면 착한 거다."
돈이 '절대 선(善)'이 되면서 돈 많은 남자, 돈 많은 여자와의 결혼을 꿈
꾸는 신데렐라와 온달장군이 늘어났다. 하지만 현실에는 신데렐라와
온달장군은 없다고 봐야 한다.

다들 돈 벌기 힘들다고 하지만 의외로 사회 곳곳에는 땅 짚고 헤
엄치면서 돈을 버는 사람이 많다. 특히 재벌가 사람들 중에는 그룹
차원의 밀어주기 관행에 힘입어 많은 돈을 쉽게 번다.

재벌가의 사람이 아니라고 해도 특수하게 연결되면 그 혜택을 받
을 수 있다. 결혼으로 이어지는 것이 대표적인 경우라고 하겠다. 그
래서 재벌가와 어떻게든 이어져 신데렐라나 온달장군이 되려는 사
람이 많다.

현재 실존하는 사람 중에서 대표적인 신데렐라를 꼽으라면 아
마 롯데그룹 신격호 총괄회장의 셋째 부인인 서미경 씨일 것이다.

그녀가 대주주인 유원실업은 서울과 수도권에 있는 롯데시네마의 매점 운영권을 갖고 있었다. 한 해 매출만 200억 원이 넘었다. 2013년 재벌들의 일감 몰아주기에 대한 사회적 비판이 계속되자 (신격호 총괄회장의 차남) 신동빈 회장이 유원실업의 매점 운영권을 회수해 직영체제로 전환시켰다.

사실 신격호 총괄회장과 서미경 씨의 만남은 엄밀히 말해 불륜이었다. 처음 만났을 것으로 추정되는 1981년에 신격호 총괄회장은 첫 번째 부인과 사별하고 결혼한 두 번째 부인이 있는 상태였으며 나이도 이미 예순을 넘었다. 당시 서미경 씨는 미스 롯데로 뽑혔다. 이 대회에서 뽑히기만 하면 곧바로 탤런트가 될 수 있는 고속도로와 같았다. 일종의 스타 등용문이었다.

서미경 씨도 미스 롯데가 된 이후부터 광고, 드라마, 영화 등에 나오며 활발하게 활동했다. 그러던 어느 날, 난데없이 은퇴를 선언하고 유학을 떠난다. 수면 아래에서는 신격호 총괄회장과 관련이 있다는 소문이 돌았지만 확인할 방법은 없었다.

그러다가 1988년 신격호 총괄회장의 호적에 서미경 씨의 딸이 올라가면서 소문은 사실이 되었다. 서미경 씨와 딸은 특별하게 외부에 노출되지 않고 있지만 롯데그룹 주요 계열사의 주식을 조금씩 갖고 있는 것으로 알려졌다. 물론 지분 보유율로는 '조금'이지만 금액으로는 결코 적다고 할 수 없다.

:: 신데렐라의 유효기간 ::

재벌가와 혼맥을 맺어 부(富)를 얻고 싶어 신데렐라 또는 온달장군이 되려는 사람이 지금도 많다. 물론 서미경 씨처럼 신데렐라가 될 수 있다. 하지만 사랑의 유효기간은 3년이라는 말처럼 백년해로(百年偕老)로 이어지지 못하는 것이 현실이다.

보통 재벌가에서는 어렸을 때부터 받은 교육과 환경이 다른 일반인과는 상당한 차이가 있다. 사랑의 묘약에 빠져 잠깐 사랑에 빠질 수 있지만 이내 환경의 차이를 서로 알게 되어 오래도록 지속될 가능성이 매우 적다. 이미 몸에 익숙한 습관과 생각들을 일반인과 맞추기에는 한계가 있기 때문이다.

실제로 재벌가 사람이 일반인과 결혼했지만 이혼하는 경우는 상당히 많다. 그런데 그 과정에서 자녀에 대한 친권은 재벌가가 대부분 갖는다. 핏줄에 대한 애착이 강한 이유도 있지만 무엇보다 가문의 대를 이을 사람이기에 자신들이 직접 가르치고 키우겠다는 것으로 판단된다.

이부진 호텔신라 사장은 전 남편 임우재 삼성전기 상임고문과의 이혼 소송 결과, 1심에서 이혼 판결을 받았으며 친권과 양육권까지 갖게 되었다. 임우재 고문은 항소했지만 앞으로도 이부진 사장에게 유리하지 않을까 싶다.

똑같은 삼성그룹이지만 이재용 부회장과 임세령 대상그룹 상무

간의 이혼 때에는 아이들의 양육권을 번갈아 갖기로 합의했다. 한 쪽이 먼저 아이들을 키우다가 일정 시기가 지나면 다른 쪽에서 양육권을 넘겨받는 방식에 합의한 것이다. 대신 아이들의 친권은 이재용 부회장이 갖는다.

만약 임우재 고문이 일반인이 아닌 재벌가였다면 우리나라 정서상 아버지인 임우재 고문이 친권을 가질 가능성이 높았을지도 모르겠다는 생각을 해본다.

결국 신데렐라나 온달장군이 되기 위해 재벌가와 인연 맺기를 바라지만 결혼과 이혼에 있어서 일반인은 철저히 '을'이 된다는 사실은 신데렐라나 온달장군 이야기가 일장춘몽의 꿈으로 끝날 수 있다는 것을 보여준다.

여자라고 뭐 어때서!

앞으로 재벌가 딸들의 시대도 열릴지 않을까 생각된다. 실제로 재벌가 딸들의 경영 참여가 늘어날 뿐만 아니라 매출 성장과 신사업 진출 면에서 상당히 주목할 만한 결과를 만들고 있다.

경영인에게 경영 DNA가 있다면 아마 그녀는 알파고급 DNA를 갖고 있다고 볼 수 있겠다. 바로 구지은 아워홈 전 부회장의 이야기다.

삼성그룹과 LG그룹은 오랜 기간 전자 부문에서 라이벌 관계다. 지금도 삼성그룹과 LG그룹의 신경전은 심심치 않게 들리고 있다. 2014년 9월 독일 베를린에서 열린 유럽 최대 가전박람회 'IFA 2014' 개막을 앞두고 삼성전자가 자사의 세탁기 2대를 조성진 LG 전자 사장이 고의로 파손했다며 고소장을 제출하면서 일명 '세탁기 전쟁'이 벌어졌다. 반박과 재반박으로 이어지는 것을 보면 아직도 두 그룹의 경쟁구도는 대단한 것 같다. 그런데 이러한 삼성그룹과 LG그룹이 사실 혼맥관계를 이루고 있다니 놀랄 일이다. 이병철 전 회장의 차녀인 이숙희 씨와 구인회 LG그룹 창업주의 3남인 구자학 아워홈 회장이 1957년 결혼을 했다. 부부는 슬하에 1남 3녀를 두었는데, 그 가운데 막내딸이 방금 앞에서 말한 구지은 전 부회장이다.

:: LG가의 첫 여성 경영인? ::

아워홈의 경영에 참여한 구자학 회장의 자녀는 구지은 전 부회장이 유일하다. 그래서 한때 아워홈을 물려받는 것이 정설로 굳어지는 듯했다. 이렇게 차기 경영 승계자로 거론되는 이유로는 그녀의 뛰어난 경영 능력이 한몫을 했다.

서울대학교 경영학과와 보스턴 대학교 석사과정을 마치고 삼성인력개발원, 왓슨 와이어트 코리아 수석 컨설턴트를 거쳐 2004년 아워홈에 입사했다. 이후 급식 위주의 사업 분야를 외식과 식자재까지 넓혀 대형 외식사업 기업으로 발전시키면서 매출을 10년 만에 5000억 원대에서 1조 2000억 원 이상으로 올렸다. 그 공로를 인정받아 부사장까지 되었다. 삼성그룹과 LG그룹을 세운 창업주를 각각 외할아버지와 할아버지로 두고 있는 그녀의 경영인 DNA가 제대로 발휘되고 있다는 평가를 받기도 했다.

보수적인 가풍으로 유명한 LG그룹이 여성을 경영인으로 키우고 있다는 점에서 구지은 전 부사장이 상당히 뛰어나다는 것을 알 수 있다. 특히 10년 동안 식품 분야에서 일해 왔기 때문에 전문성이 뛰어나고 세세한 부분까지 신경을 쓰는 스타일이 다른 재벌가의 자제들과 다르다는 평가다.

그런 그녀가 기존 임원들과 갈등으로 사람들의 입에 오르내리며 해임과 복귀를 반복하다가 끝내 아워홈의 관계사인 캘리스코 대표로 자리를 옮기면서 아워홈에서 떠나게 되었다. 대신 그 자리에 구자학 회장의 장남인 구본성 부회장이 앉았다. 이에 관련해 장남은 그동안 회사에 모습을 보이지 않았지만 밖에서 관여를 했다는 말도 있고(장남은 아워홈의 최대 주주), 지금까지 장자 승계원칙을 고수하는 LG가의 전통을 범(汎)LG가에 속하는 아워홈도 따른 것이라는 말도 있다.

어쩌면 범LG 기업을 포함한 LG가에 처음으로 여성 경영인이 나타날 것으로 지켜봤는데 지금까지 상황으로는 아쉬움이 남는다. 물론 이후에 어떤 변화가 있을지는 아무도 모르지만 말이다.

:: 재벌가 딸들의 이유 있는 활약 ::

구지은 전 부회장처럼 아쉬움이 남는 경우도 있지만 현재 재벌가 딸들의 활약은 과거에 비해 상당하다. 아들 없이 딸만 둔 창업주들은 사위에게 그룹을 물려주고 딸들은 대주주 역할만 하도록 했으나 지금은 딸에게 경영 수업을 시키면서 경영권을 물려주기 위한 작업도 하고 있다.

이처럼 재벌가 딸들이 경영일선에서 성공가도를 달리는 이유로는 아버지의 모습을 보며 사업가적인 추진력을 보고 배운 점이 크다. 아버지의 모습을 보면서 기질과 함께 노하우를 배운 것이 사업가적인 DNA를 체득한 결과로 보인다. 이러한 예로 이야기가 되는 사람이 바로 MCM으로 유명한 성주그룹 김성주 회장이다.

김성주 회장은 대성그룹 김수근 창업주의 7남매 중 막내로 태어난 전형적인 재벌가 딸이었다. 그러나 그녀는 부모의 반대를 무릅쓰고 외국인(캐나다계 미국인)과 결혼해 미국에서 살았다. 그러다가 남편과 이혼하고 국내로 들어와 대성그룹 내에서 패션사업부를 만들어 경영 수업을 받았다. 몇 년 뒤, 외국의 유명 브랜드를 국내에 수입해서 파는 사업으로 독립해 지금의 성주그룹을 만들었다. 또한 독일의 명품 브랜드인 MCM을 인수해 세계적인 브랜드로 키운 주인공이다.

그녀는 재벌가의 딸로 태어났지만 부친으로부터 주식 1주, 땅한 평도 물려받지 않고 오직 자신의 힘으로 성주그룹을 일궈냈다고 주장한다. 자신은 부친으로부터 사업가의 DNA를 물려받은 것이 가장 큰 유산이라고 입버릇처럼 말했다.

재계에서는 재벌가 딸들의 활발한 활약으로 머지않아 '여성 재벌 총수시대'가 올 것으로 내다보고 있다. 남편의 사망 등으로 그룹을 맡은 장영신 애경그룹 회장, 현정은 현대그룹 회장과 달리 처음부터 착실하게 경영 수업을 받은 딸들 가운데 누가 최초로 여성 재벌 총수시대를 열지 시선이 모아지고 있다.

여자만의 시각으로 경영하다

재벌 3세 가운데 가장 촉망받는 여성 경영인인 이부진, 정유경 사장. 이들은 빼어난 여건 속에서도 뛰어난 능력과 인품을 보여주며 경영인으로서 능력을 유감없이 발휘하고 있다.
여성이라고 해서 절대 봐주지 않는 살벌한 경영의 세계에서 자신만의 성을 쌓고 있는 이들의 발자취를 따라가 보자.

'여성 상위'라는 말이 당연한 시대가 되었다. 아직도 유리천장이라는 말이 있지만 이제 여자들이 활약하지 못하는 분야는 예전보다 많이 줄었다고 생각한다. 재벌가 역시 2세, 3세 여성 경영인이 남자 못지않은 활약을 보이고 있다.

재벌 2세 여성 경영인 중에서 가장 눈에 띄는 사람은 이명희 신세계그룹 회장이다. 그녀는 이병철 전 회장의 막내딸로 태어나 아버지의 사랑을 듬뿍 받으며 성장했다. 해외 출장길이나 골프 모임 등이 있을 때면 이병철 전 회장은 이명희 회장을 데리고 다니면서 세상 견문을 넓혀줬다고 한다.

이명희 회장은 신세계그룹 사보에 '아버지와 나'라는 글을 기고한 적이 있다. 애틋할 수밖에 없었던 부녀 관계와 함께 자신을 경영자로 만들어준 아버지 이병철 전 회장에 대한 회고의 내용을 담고 있다. 그 글에 따르면, 이명희 회장이 처음부터 경영에 관심을 가진 것은 아니었다고 한다. 현모양처를 꿈꾸며 가정을 꾸리고 있었는데 이병철 전 회장이 신세계백화점에서 일할 것을 권유했다. 이명희 회장이 39살 때였다. 이병철 전 회장은 "여자도 가정에 안주하지 말고 남자 못지않게 사회에 나가서 활동하고 스스로 발전해야 한다"라고 말하면서 다음과 같은 가르침을 줬다.

> 첫째, '의인물용 용인물의(擬人勿用 用人勿疑)', 즉 믿지 못하면 아예 쓰지 말고 일단 사람을 쓰면 의심하지 말라.
> 둘째, 남의 말을 열심히 들어라. 어린이의 말도 경청해야 한다.
> 셋째, 알아도 모르는 척, 몰라도 아는 척하지 마라.
> 넷째, 사람을 나무 기르듯 길러라.

이런 가르침을 받은 이명희 회장은 지금도 '내가 아니면 안 된다'는 생각을 버리고 자신의 경영방침을 가장 잘 이해하고 실천할 수 있는 전문 경영인에게 책임과 권한을 주고 있다. 오너가 모든 것을 결정한다고 기업이 효율적으로 성장하는 것은 아니며 이보다 기업 스스로 진화하고 성장할 수 있는 체계적인 조직을 만들어야 한다는 것이 그녀의 신념이다. 이런 경영철학을 바탕으로 일어난 기업이 국내 굴지의 유통 회사인 신세계그룹이다.

이명희 회장의 이런 경영방식은 두 자녀인 정용진 신세계그룹 부회장과 정유경 신세계백화점 총괄사장에게 고스란히 이어지고 있다. 같은 어머니를 두고 있는 남매지만 정용진 부회장과 정유경 사장의 경영 스타일은 확연하게 다르다.

정용진 부회장은 '바이어'를 자처할 정도로 활발하게 대외경영을 하면서 자신의 일거수일투족을 SNS에 올리며 세상과 소통하고 있다. 이에 반해 정유경 사장은 그림자 경영인으로 유명하다. 사실 정유경 사장은 부사장 시절 동안 상사이자 멘토이며 어머니인 이명희 회장을 따라 중요한 회의에는 반드시 참석하면서 후계자로서의 능력을 키웠다.

몇 년 전부터는 이명희 회장의 지시에 따라 신세계백화점의 명운이 달린 대규모 프로젝트를 책임지는 중임을 맡고 있다. 신세계백화점은 정유경 사장의 지휘 아래 동대구역 복합환승센터 완공, 신세계 강남점·센텀시티점 증축, 본점 신관 면세점 최초 오픈 등과 같은 굵직한 현안들을 성공시켰다. 동대구역 환승센터는 신세계 그룹이 대구·경북 지역에 첫발을 내딛는 의미 있는 사업이며 강남점과 센텀시티점 증축은 백화점 분야 세계 톱(TOP) 타이틀을 확고히 할 수 있는 핵심 전략 사업이다. 면세점 사업 역시 5년간

500억 원 이상의 자금이 투입되는 대규모 프로젝트였으니 충분히 정유경 사장의 경영 능력을 확인할 수 있는 과제였다.

그 결과, 신세계백화점 강남점의 매출은 2016년 2월 28일 현재 2015년 같은 기간보다 53% 늘었으며, 하루 평균 방문자 수 역시 20만 명으로 10만 명에 머물던 2015년에 비해 2배나 늘어났다. 구매자 수도 42% 이상 증가했으며 재개장과 함께 강남점의 4대 전문관 매출까지 크게 늘어 정유경 사장이 무사히 이명희 회장의 시험대를 통과한 것으로 평가되고 있다.

무엇보다 고무적인 부분은 강남점을 찾는 20대 이하 젊은 층의 매출 비중이 10%대를 넘어설 정도로 급증했다는 점이다. 이것은 신세계백화점이 젊은 층에게 깊이 인식되는 계기를 마련했다는 증거다. 또한 앞으로 젊은 고객층을 중심으로 더 활발한 성장이 예상된다는 기대를 담고 있다. 무엇보다 재벌 3세 여성 경영인인 정유경 사장의 시대가 활짝 열렸다는 축포이기도 하다.

:: 위기를 기회로 만들다 ::

재벌 3세 여성 경영인 중에서 가장 큰 주목과 기대를 받는 사람은 호텔신라의 이부진 사장이다. 일각에서는 향후에 이부진 사장이 호텔신라를 갖고 사업 분가를 하지 않겠느냐는 이야기도 있다. 이병철 전 회장이 장녀에게 전주제지(현 한솔제지), 막내딸에게 신세계백화점을 분사해서 주었듯이 이건희 회장 역시 두 딸에게 주력기업을 분할해서 줄 것이라는 이야기가 있기 때문이다.

이부진 사장은 아버지인 이건희 회장의 외모는 물론 성격과 경영 스타일까지 비슷해 더욱 주목을 받고 있다. 무엇보다 '부진의 법칙'이라 불릴 정도로 자신만의 위기 관리능력과 창의적인 경영 스타일을 선보이고 있다.

학창시절부터 영민했던 이부진 사장은 2001년 호텔신라에 입사한 다음, 외국어 실력을 키우기 위해 스스로 외국어 전문가를 찾아갔다. 꾸준한 노력 덕분에 지금은 영어, 일어, 프랑스어를 능숙하게 구사할 정도라고 한다.

이부진 사장의 진정한 경영자 모습은 호텔신라의 사장으로 취임하면서 본격적으로 빛을 발하기 시작했다. 다른 재벌가의 3세 경영자들과 달리 등기이사로 등재하여 책임 경영을 실현하고 있다. 등기이사가 되면 연봉을 공개해야 한다. 그래서 연봉을 공개하는데 부담을 느껴 등재를 거부하는 2세와 3세가 많다. 삼성가로서는 유일하게 등기이사로 등재한 이부진 사장은 연봉과 자산 공개가 두려워 등기이사 등재를 거부하고 책임 경영을 외면하는 다른 재벌과는 확연히 다르다고 볼 수 있다.

이런 책임 경영은 호텔신라에 위기가 닥칠 때마다 빛을 발하는 힘이 되고 있다. 그중에서 2011년 '호텔신라 한복 출입 금지' 사건이 있었다.

호텔을 방문했던 유명한 한복 디자이너가 한복을 입었다는 이유로 출입을 거부당했는데 그녀의 아들이 SNS에 올리면서 여론은 들끓기 시작했다. 사람들은 이부진 사장이 다른 사장들처럼 책임 회피와 늑장 대처 등으로 시간을 끌 것으로 예상했다. 그러나 이부진 사장은 바로 공식 사과문을 올리도록 지시했고 한복 디자이너를 직접 찾아가 정중한 사과를 했다. 호텔 측과 이부진 사장의 성의 있는 사과로 이 사건은 이내 수그러들었다.

또한 2015년 봄 메르스 사태 때 제주에 있는 신라호텔의 투숙객 중에 확진 환자가 발생하자 직접 현지로 내려가 막대한 손해를 감수하며 영업을 중단시키는 결단을 내렸다. 이뿐 아니라 자체 조사와 방역을 하고 이 모든 과정을 백서로 만들어 배포했다고 하니 기업이 어떻게 위기관리를 해야 하는지에 대한 모범 사례를 직접 보여줬다고 할 수 있겠다.

재벌가 사위는 축복인가, 족쇄인가?

부와 권력을 향해 가장 빠르게 뛰어 오르는 방법 중 하나가 재벌가 사위가 되는 것이다. 그러나 황금 왕관의 무게가 결코 만만치 않은 모양이다.

1960~1970년대에는 검사, 의사가 된 머리 좋은 수재와 부잣집 외동딸의 결혼이 화제가 되곤 했다. 보리밥조차 제대로 먹기 힘든 집안에서 오직 똑똑한 머리 하나로 출세한 수재 청년과 1970년대 성장 바람을 타고 큰돈을 만지게 된 기업가 외동딸의 결혼은 자연히 부러움의 대상이 될 수밖에 없었다. 그러나 이런 정략결혼은 눈에 띄게 사라지고 집안까지 눈여겨 살펴보는 '통혼(通婚)'이 주를 이루고 있다.

사람들은 흔히 재벌가 사위가 된다면 그야말로 호랑이 등에 날개를 단 것처럼 아무런 걱정 없이 부와 권력을 누릴 것이라고 생각한다. 그러나 행시, 외시, 사시를 모두 통과한 고승덕 변호사는 재벌가 사위로 살아가는 일이 결코 쉽지 않았다고 고백했다. 세상에 공짜란 없다는 말일 것이다.

고승덕 변호사의 옛 장인이 정치인으로 유명한 박태준 전 포항제철(현 포스코) 회장이다. 박태준 전 회장은 타고난 경륜과 함께 능력 있는 사위를 둔 것으로도 유명하다. 모두 4명의 딸을 두었는데 첫째 사위가 윤영각 전 삼정KPMG 회장이다. 윤영각 전 회장은 회계 분야에서 뛰어난 능력을 인정받는 회계사이자 변호사다. 2014년에 사모펀드 대표로 변신했다.

둘째 사위가 바로 앞에서 언급한 고승덕 변호사다. 하지만 고승덕 변호사는 백년해로를 못 하고 이혼을 선택했다. 몇 년 전 교육감 선거에 출마했을 때 딸이자 박태준 회장의 외손녀가 아버지를 비판하는 내용을 SNS에 올려 곤혹을 치르기도 했다.

셋째 사위는 전두환 전 대통령의 차남인 전재용 씨다. 전두환 대통령시절에 화려한 결혼으로 화제가 됐으나 이들 부부 역시 짧은 결혼생활 끝에 헤어졌다.

넷째 사위는 사모펀드 MBK파트너스 김병주 회장이다. 김병주 회장은 홈플러스를 7조 원에 인수하는 등 한국 사모펀드의 황제로 불리고 있다.

:: 대한민국 사모펀드의 황제 ::

1963년생인 김병주 회장은 진주 출신으로 알려져 있다. 10살에 미국으로 건너가 하버포드 칼리지 영문학과를 졸업하고 하버드대 경영대학원에서 MBA 과정을 밟았다.

처음 유학 갔을 때는 영어를 한 마디도 못했다고 한다. 하지만 그는 무조건 영어책을 소리 내 읽었다고 한다. '키 작은 동양의 아이'라는 놀림을 받는 일이 싫어 운동도 열심히 했다. 한때 그는 영화감독과 야구 구단주를 꿈꾸기도 했지만 하버포드 칼리지를 졸업한 뒤 첫 직장으로 월가의 골드만삭스를 선택했다. 김병주 회장은 코피 흘린 것 외에는 기억나는 게 없을 정도로 힘든 시절이라고 회상했다. 하지만 20대의 그가 골드만삭스에서 얻은 경험들은 훗날 엄청난 자산이 되었다. 당시 골드만삭스가 적대적 M&A의 방어 역할을 주로 맡았기 때문이다.

하버드 대학교에서 MBA 과정을 마친 김병주 회장은 1999년 칼라일그룹에 입사해 한미은행 인수를 주도했는데 불과 37세 때의 일이었다. 여기서 눈여겨 볼 것은 그의 장인인 박태준 전 회장이 정부 주도의 기업 간 빅딜을 총책임지고 있었으며 나중에 국무총리가 됐다는 사실이다.

한미은행 인수는 칼라일그룹 역사상 단일 규모로는 가장 큰 거래였고 칼라일그룹 최초의 금융회사 투자이기도 했다. 입사 1년 만에 김병주 회장이 이 투자를 성사시켰다. 그리고 몇 년 뒤 한미은행을 다른 금융사에 매각하면서 7000억 원이라는 엄청난 수익을 올린다. 김병주 회장은 칼라일아시아 대표로 승진하게 된다.

큰 성공을 거둔 김병주 회장은 칼라일그룹 멤버들과 함께 독립을 선언하고 당시 아시아지역 펀드로는 사상 최대 규모인 15억 달러짜리 'MBK 1호 펀드'를 만들어 사모펀드 시장에 데뷔한다. 'MBK'는 김병주 회장의 영문명(Micheal Byungju Kim)에서 앞 글자를 따 지은 것이다.

이후에도 엄청난 금액의 펀드를 만들었는데 그때마다 그 막대한 자금이 어디서 나왔는지에 대해 의문을 갖는 사람도 많다. 박태준 전 회장의 보이지 않는 손이 작용했다는 소문이 당시 금융권에서 떠돌았다. 그러나 이러한 소문들은 그야말로 소문일 뿐 확인되지 않았다. 가족과 관련해서는 김병주 회장이 한 번도 입을 연 일이 없다.

:: 성공한 사위 모델 ::

동양그룹을 설립한 이양구 전 회장은 아들 없이 슬하에 두 딸을 두었다. 장녀 이혜경 전 동양 부회장은 현재현 전 동양 회장과 결혼했으며, 차녀 이화경 오리온 부회장은 담철곤 오리온 회장과 결혼했다. 집안의 곳간 열쇠를 똑똑하고 잘생긴 사위들에게 몽땅 넘겨준 것이다.

함경남도 함주 출신인 이양구 전 회장은 부산에서 설탕 도매업을 하며 본격적인 성공 가도를 달리게 되는데 아들이 없었기 때문에 처음부터 사위들에게 그룹의 대권을 물려줄 계획이었다고 한다. 가장 중요한 문제는 어떤 사람을 사위로 들이느냐는 것이었다. 그때 이양구 전 회장의 눈에 들어온 사람이 첫째 사위가 된 현재현 전 회장이었다. 그는 뛰어난 인물에 경기고등학교, 서울대학교 법학과, 서울대학교 대학원 민사법학 석사를 밟았으며 대학교 재학 때 사법고시에 합격한 엘리트 중의 엘리트였다.

둘째 사위인 담철곤 회장도 뛰어난 인물에 명석한 두뇌를 자랑하며 조지워싱턴 대학교에서 마케팅학을 전공했다. 1980년 동양시멘트 대리로 동양그룹과 인연을 맺은 담철곤 회장은 동양제과공업 부사장, 동양제과 사장, 동양마트 사장 등을 거쳤으며 10년간의 열애 끝에 사랑의 결실을 맺게 된다.

현재현 전 회장은 1977년 동양시멘트 이사로 비교적 순탄하게 경영에 진입하게 된다. 평소 고혈압에 시달리던 이양구 전 회장이 1989년 갑자기 타계하면서 현재현 전 회장은 동양그룹의 대권을 승계받았다. 반면 담철곤 회장은 겨우 동양제과 한 곳의 경영권을 물려받는 데 만족해야 했다. 그때가 담철곤 회장의 나이 34세였다.

동양그룹은 시멘트사업의 성공을 바탕으로 부동산과 금융사업 등으로 계속 사세를 확장시켰다. 그러나 기존의 주력사업인 시멘트사업의 불황과 새롭게 시작한 금융사업에 대한 무리한 투자가 겹치면서 심각한 유동성 위기를 겪게 된다. 한때 동양생명, 동양증권 등이 그룹의 신성장판이 될 것으로 기대했지만 과도한 사업 확장이 결국 실패를 불러왔다. 유동성 위기가 시작됐으니 서둘러 구조조정에 들어가야 했지만 기회를 놓치게 되고 결국 2014년 1조 3000억 원대의 사기성 기업어음(CP)과 회사채 발행으로 인해 투자자에게 막대한 손해를 끼치게 된다. 결국 현재현 전 회장은 대법원에서 징역 7년을 선고받은 후 수감생활을 하고 있다. 재벌가 사위가 안 되었다면 존경받는 법조인으로 명성을 얻었을 것이라는 말도 있다.

반면 담철곤 회장은 1989년 동양제과 대표이사로 선임된 후 치토스, 마이구미 등 공전의 히트 상품들을 잇달아 출시하고 1974년 첫 출시된 초코파이의 품질을 더욱 고급스럽게 만들면서 매출을 계속 확대했다. 2001년에는 '오리온'으로 사명을 바꾸고 동양그룹과 계열 분리를 하는 데 성공한다.

오리온은 초코파이 등을 앞세워 2015년 매출이 2조 원을 훌쩍 넘었다. 특히 중국시장에서 초코파이의 인기는 상상을 초월한다. 중국인들이 좋아하는 글자 '인(仁)'이 새겨진 중국 판매용 초코파이는 한국에서 판매되는 초코파이와 식감이나 맛이 모두 다르다. 담철곤 회장이 중국인들의 입맛을 맞추기 위해 밀가루 입자까지 분석해 전혀 다른 초코파이를 만들었기 때문이다. '오! 감자'의 경우 한국에는 없는 토마토, 스테이크, 치킨 맛을 추가했는데 담철곤 회장은 중국인들이 좋아하는 맛을 낼 수 있도록 글로벌 감미료 회사의 양념을 모두 테스트했다.

재벌가 사위는 부와 경영권을 손쉽게 따낼 수 있다는 점에서 축복이라고 할 수 있다. 그러나 현재현 전 회장의 경우에서 보듯 그 축복이 마르지 않는 화수분처럼 계속되는 것은 아니다. 기업의 성패에 따라 장인어른이 세운 회사를 공중 분해시키는 결과를 만들 수도 있는 엄중한 자리다. 그런 막중한 책임감과 더불어 처갓집 눈치로부터 자유로울 수 없다는 점에서 족쇄라고도 한다. 물론 그것이 축복이 될지 족쇄가 될지는 재벌가 사위가 된 그 사람이 어떻게 하는가의 '몫'일 것이다.

오직 사업성

{ 한동안 HDC신라면세점의 사업권 획득이 큰 뉴스가 되었다. 유통업계의 치열한 경쟁이 있던 면세점 사업에서 우리나라 재벌 서열 1, 2위 가문의 동맹이 관심을 끌었기 때문이지만 사실 그 속에는 우리가 모르는 더 큰 의미가 있다. }

2015년 5월 서울시내 면세점 사업권을 두고 정몽규 현대산업개발 회장과 이부진 호텔신라 사장이 동맹을 맺었다는 기사가 연일 이슈화되었다. 결국 HDC신라면세점(면세점 이름은 '신라아이파크면세점')이 면세점 사업권을 따내자 '대박', '신의 한 수'라며 그 결과를 보도했다.

기존 면세점 사업권은 특별한 결격사유가 없는 한 10년마다 연장하는 형식이었다. 그러나 2013년부터 5년에 한 번씩 경쟁 입찰을 하는 방식으로 바뀌면서 유통업체에서는 기업의 사활을 건 치열한 경쟁이 시작되었다. 특히 경기 침체와 유통업계의 부진 속에서 중국인 관광객 증가에 힘입어 한 해 매출 10조 원을 넘기는 면세점 사업은 황금알을 낳는 거위라 일컬어졌다.

:: '적과의 동침'을 택하다 ::

범현대가인 현대산업개발이 삼성가의 호텔신라와 손잡은 것을 두고 '적과의 동침'이라 불리기까지 했다. 과거 삼성과 현대는 길고 긴 갈등과 반목의 세월을 거쳤기 때문이다. 정주영 전 회장이 세운 현대그룹과 이병철 전 회장이 세운 삼성그룹은 1960년대부터 이병철 전 회장이 먼저 세상을 뜨기 전까지 우리나라 산업 역사의 큰 획이자 쌍두마차였다.

두 창업주는 성격, 성장 배경, 그리고 주력 사업 및 스타일 모두 확연한 차이가 있었다. 강원도 산골의 가난한 집안에서 홀로 상경하여 온갖 고생을 하며 맨손으로 기업을 일군 정주영 전 회장은 특유의 뚝심과 도전정신으로 건설업을 시작해 자동차, 조선업 등으로 확장하면서 우리나라 제조업 분야의 토대를 세운 입지전적인 인물이다. 반면 이병철 전 회장은 부유한 집안에서 태어나 일본 명문대로 유학을 가기도 했다. 모험적이기보다는 신중하고 꼼꼼했으며 금융, 가전제품, 소비재 사업에 집중했다.

두 창업주 모두 다양한 사업을 통해 우리나라의 경제 발전에 큰 영향을 미치면서 시장을 키웠지만 사업영역이 달라 경쟁을 하거나 부딪칠 분야는 거의 없었다. 단지 재계를 대표하는 사람이 누구냐를 놓고 은근한 신경전이 계속되는 경우가 간혹 있었다.

특히 전경련에서의 위치는 두 사람을 불편한 관계로 만들었다. 전경련은 이병철 전 회장이 만든 단체였다. 그러나 정주영 전 회장이 은연중에 재계의 리더는 자신이라고 말하는 바람에 전경련을 세웠다는 자부심을 갖고 있는 이병철 전 회장의 심기를 건드렸다. 이러한 분위기 속에서 삼성이 재계 1위를 현대에 넘겨주게 되자 이병철 전 회장의 자존심이 많이 상했다.

:: 이병철 전 회장의 백자 ::

1985년 11월 20일, 전경련 회관에서 정주영 당시 현대그룹 회장의 고희연이 열렸다. 당시 정주영 회장이 재계에서 차지하는 비중은 절대적이었다. 현직 전경련 회장으로 88서울올림픽을 유치한 막후 주역이었고, 현대그룹의 국내외 위상도 타의 추종을 불허했다. 고희를 맞이했지만 건강과 활력, 특유의 적극성과 추진력으로 재계에서는 모두 스스럼없이 '왕 회장'으로 칭해지고 있었다. 명실상부한 재계의 대표였다.

고희연에는 재계 원로, 중진 등 축하객들이 넘쳐났고 정주영 전 회장이 특유의 재담으로 좌중을 압도했다. 하객들에게 감사의 인사를 끝내는 순간, 갑자기 실내가 조용해졌다. 뒤늦게 문을 열고

등장한 사람이 의료진의 부축을 받고 들어온 이병철 전 회장이었기 때문이다.

그 당시 이병철 전 회장은 병환으로 일선에서 물러선 것은 물론일체 외부 활동을 하지 않던 때였다. 뿌리 깊은 반목의 관계라는점도 그렇지만 병색이 짙은 모습으로 나타난 이병철 전 회장의 모습에 참석자들은 당혹스러울 수밖에 없었다. 그러나 더 놀라운 것은 이병철 전 회장이 건넨 상자였다. 고요한 침묵이 흐르는 가운데상자에서 나온 것은 이병철 전 회장이 직접 고른 백자(白瓷)였다.

백자를 살펴보던 정주영 전 회장의 입가에 미소가 번지고 호탕한 웃음이 회의장에 퍼졌다. 백자에는 고희를 맞이한 한국 재계의거목에 대한 헌사가 가득 새겨져 있었던 것이었다. 정주영 전 회장이 감사 인사를 했고 실내는 온통 박수 소리가 울렸다. 많은 사람이 우리나라 대표 재계 총수들의 기나긴 감정의 응어리가 녹아내리는 의미 있는 순간을 축하했다. 다음 날 언론에는 '이병철 회장과 정주영 회장의 화해'라는 제목으로 두 창업주의 만남이 대대적으로 보도되었다.

2년 후 이병철 전 회장은 타계했고, 정주영 전 회장은 빈소를 찾아 애도하며 돈독함을 나타냈다. 이후 10년 넘도록 현역에서 활동하며 새로운 사업에 도전하고 대통령 출마, 소떼를 이끈 방북 등의대북사업을 진행하며 생을 마감할 때까지 열정적인 삶을 살았다.

이병철 전 회장과 정주영 전 회장이 타계 전 감정의 응어리를 남기지 않고 화해하며 결지해지를 이루었어도 사업적으로 두 그룹 간의 결합은 없었다. 오히려 현대그룹이 절대 우위를 차지하고 있던 건설, 조선, 자동차 부분에 삼성이 뛰어들어 사업적으로 불편한 경쟁관계가 되었을 뿐이다.

:: 가족과 경쟁하다 ::

정몽규 현대산업개발 회장은 정주영 회장의 동생인 정세영 현대산업개발 명예회장의 아들이고, 이부진 호텔신라 사장은 이병철 전 회장의 손녀이자 이건희 회장의 딸이다. 비록 선대의 깊었던 갈등은 풀렸다고는 하지만 그것은 감정적인 부분일 뿐, 두 그룹은 현재 사업적으로 경쟁하고 있는 분야가 있다. 그런데도 두 최고 경영자가 새로운 파트너십을 형성해 'HDC신라면세점'을 공식적으로 출범시켰다.

HDC신라면세점은 평소 친분이 있었던 관계라고 해도 어려웠을 규모로 진행되는 사업이다. 서로가 잘할 수 있는 부분을 선택한 통큰 결합이라고 할 만하다.

두 회사가 밝힌 자료와 언론의 기사에 따르면, '세계 최대의 도심형 면세점'을 표방하면서 첫 해에만 3500억 원을 투자한다는 계획을 발표했다. 약 2만 평에 400여 개의 브랜드 외에도 2,000명이 함께 즐길 수 있는 한류 공연장, 대형 관광식당, 한류 전시관까지

들어간다니 가히 그 규모가 엄청나다.

이번 합작법인을 두고 업계는 서로의 이해관계가 맞아 떨어진 결과라는 평가를 내리고 있다. 현대산업개발은 '새로운 먹거리'가 필요했고 호텔신라는 매출 80% 가량을 차지하는 면세 사업권을 추가로 확보하고 싶지만 '부지'가 부족했다. 그래서 관광특구인 이태원, 국립중앙박물관, 남산공원 등이 인접해 있고 사통팔달 교통 이점이 있는 용산 아이파크몰을 가진 현대산업개발과 전문적인 면세점 경영 능력을 가지고 있는 호텔신라의 동맹은 최고의 선택이다.

한 가지 더 주목할 점이 있다. 바로 정몽규 회장과 이부진 사장 모두가 'HDC신라면세점'을 출범시키면서 자신의 친인척들과 전쟁 아닌 전쟁을 벌이게 되었다는 사실이다. 이번 면세점 입찰에 범삼성가로 불리는 신세계그룹 정용진 부회장이 신세계백화점 본점 별관을 시내 면세점 후보지로, 범현대가인 현대백화점그룹의 정지선 회장이 현대백화점 무역센터점을 시내 면세점 후보지로 정하고 입찰에 참여했기 때문이다.

만일 현대산업개발과 현대백화점이, 호텔신라와 신세계그룹이 합작을 했다면 범현대가와 범삼성가의 역사에 남을 승부가 될 뻔했다. 하지만 정몽규 회장과 이부진 사장은 철저하게 이길 수 있는 방법으로 접근했고 기업의 영속성을 위해 혈연보다 사업성을 우위에 둔 선택을 했다.

오직 사업성을 택한 결단이 수만 명의 임직원들의 생계가 달려 있는 사업에서는 진정한 경영인의 모습일 것이다.

금수저의 또 다른 끝

{ 부와 권력을 모두 가진 재벌 3세의 기행은 현실에서도 심심치 않게 만날 수 있다. 모두가 부러워하는 금수저를 물고 태어났지만 감옥에 수감되거나 사업 실패 등 결과가 좋지 않은 경우도 많다. }

재벌 3세로의 승계가 본격화됨에 따라 검증되지 않은 3세들에 대한 우려의 시선이 많다. 특히 요즘 3세들의 그릇된 행동 때문에 이런 우려의 시선이 더 심해지고 있다.

하나의 예로 전 국민이 알고 있는 조현아 전 대한항공 부사장의 땅콩회항사건이 있다. 이 사건으로 인해 대한항공 창업주 조중훈 전 회장의 장손녀인 조현아 전 부사장은 각종 뉴스와 인터넷을 연일 뜨겁게 달궜다. 부친인 조양호 대한항공 회장이 공개적으로 사과했지만 사람들의 분노는 쉽게 가라앉지 않았다.

사실 특권의식에서 비롯된 재벌 3세의 일탈은 어제 오늘 일은 아니다. 어려웠던 시대적인 특성상 기업을 키우는 과정에서 고생한 창업 1세대는 절제력과 신중함을 가지고 있다. 그러나 2, 3세대로 갈수록 풍족한 삶을 누리면서 자신이 듣기 싫은 소리는 듣지 않으며 크다 보니 충동적이고 안하무인인 경우가 많다. 특히 일탈했던 3세들이 젊은 시절의 문제점을 개선하지 못한 채 특권의식과 박약한 기업가 정신으로 경영을 맡았다가 기업의 가치를 훼손시키거나 존립을 뒤흔드는 상황까지 내몰리는 경우도 많다.

:: 회장 한 명의 잘못으로 그룹이 흔들리다 ::

일찍이 3세 경영을 시작한 동국제강의 장세주 회장은 현재 횡령, 상습도박 등의 혐의로 실형을 선고받고 구속되어 있다. 자신의 재산을 사회에 환원한 동국제강 창업주인 장경호 전 회장과는 상당히 다른 삶을 살아가고 있다.

장세주 회장은 이미 1990년경 마카오 원정도박, 2004년 회사자금 횡령 등으로 처벌받았지만 집행유예로 풀려났었다. 하지만 그 뒤로도 회사의 돈을 10년 이상 조직적으로 빼돌렸고 그 과정에서 회사에 피해를 입히다가 결국 2016년 5월 구속되었다.

법정관리를 신청한 삼부토건도 3대에 이르러 사세가 기운 사례다. '성실 시공'이라는 모토를 가지고 조정구 전 회장이 설립한 삼부토건은 국내 건설업 면허 1호를 자랑하는 건설사다. 경인·경부고속도로, 잠실 개발사업, 장충체육관 건설 등에 모두 참여했고 1970년대만 해도 현대건설 등과 어깨를 나란히 할 정도였다. 이후 호텔업에도 도전하면서 굴지의 기업으로 성장했다. 아들인 조남욱 회장은 경기고, 서울법대를 나온 수재형 경영인으로 한때 정계에 진출해 국회의원을 지내기도 했다. 그러나 건설 경기 부진에다 조남욱 회장의 동생과 차남이 경영권을 놓고 다툼을 벌이는 바람에 끝내 법정관리를 신청하고 말았다. 엎친 데 덮친 격으로 차남은 배임 및 횡령 혐의로 구속까지 됐다. 힘을 합쳐도 모자란 판에 서로가 더 챙기려고 한 내홍으로 할아버지, 아버지가 튼튼하게 세운 기업을 잃어버린 것이다.

LG그룹 창업주인 구인회 전 회장의 동생 구정회 고문의 손자로 얼마 전까지 범한판토스를 이끌었던 구본호 부사장도 일탈의 전형을 보여준다(범한판토스는 그동안 LG그룹의 방계기업으로 알려져 있었으며 2015년 LG그룹에 매각됐다). 주가 조작으로 100억 원이 넘는 부당 이익을 챙긴 혐의로 집행유예를 받았으며 미국 시민권자임을 내세워 세금을 돌려달라는 소송도 냈다. 또한 건물 세입자들을 내쫓기 위해 협박을 일삼아 비난을 받았다.

:: 경력에 맞는 경영의 화려함을 기대한다 ::

'세상에서 가장 어려운 것이 자식 농사'라는 말처럼, 우리나라

외에 다른 나라도 자식을 제대로 키우기는 어려운 일 같다. 특히 돈이 너무 많아도 문제라는 것은 다른 나라도 마찬가지다.

지금 중국 경제가 급성장하면서 중국에는 부자가 엄청나게 많아졌다. 그것도 갖고 있는 재산의 급이 다른, 그야말로 엄청난 부자가 굉장히 많다. 그 가운데 돈 많은 아버지를 둔 '푸얼다이(우리말로 재벌 2세)'는 중국인들에게 호기심의 대상인 동시에 지탄의 대상이 되고 있다.

중국 최대 부동산 재벌인 완다그룹의 외아들 왕쓰총이 하룻밤 유흥비로 4억 원 넘게 쓴 것이 온라인상에 알려지면서 사람들의 빈축을 샀다. 이렇게 돈을 펑펑 쓰는 바람에 남자 페리스 힐튼이라는 별명을 갖고 있는 아들을 보는 아버지의 마음은 어떨지 상상이 가지 않는다.

재벌 3세들의 삶은 화려하다. 하지만 '화려한 경영인'의 모습 속에 필요한 것은 배경이나 경력에 걸맞은 경영의 화려함이다. 현대는 세습만으로 넘을 수 없는 서바이벌의 시장이라는 점을 분명히 알아야 한다.

명예보다 실리

그룹 경영에 있어서도 명예를 추구할 것인가, 실리를 추구할 것인가에 대한 선택의 순간이 찾아온다.
사람에 따라 다르겠지만 재벌 2세는 명예, 재벌 3세는 실리를 추구하는 흐름이 읽힌다. 명예와 실리, 여기서도 재벌 2세와 3세는 확연히 다른 노선을 보여준다.

현정은 회장이 이끄는 현대그룹, 정몽구 회장이 이끄는 현대자동차그룹, 정몽준 회장이 이끄는 현대중공업그룹. 이 가운데 정주영 전 회장이 이끌던 현대그룹의 적통성은 어느 기업이 갖고 있다고 봐야 할까?

선뜻 어떤 그룹이라고 말을 하기 어려울 것이다. 이처럼 첨예한 대립 때문에 현대가에서도 이 부분에 대한 경쟁이 있었다. 그동안 크고 작은 일에 다툼이 있었지만 현대건설 인수전 때만큼은 당시 재계를 들썩이게 만들었다.

:: 누가 현대그룹의 적통성을 가질 것인가? ::

왕자의 난 이후 채권단에 넘어갔던 현대건설이 조기 워크아웃에 성공하며 2006년 채권단 공동관리가 종료되었다. 2010년 6월 채권단이 현대건설의 매각 작업을 진행하겠다고 밝히자 2010년 8월에는 현대그룹이, 2010년 9월에는 현대차그룹이 인수에 참여하겠다고 선언했다. 전문가들이 예상한 당시 현대건설의 적정 가격은 4조 원 후반이었다. 하지만 현대건설 입찰에서 두 회사는 예상을 뛰어넘는 거액을 배팅했다. 현대차그룹은 5조 1000억 원을, 현대그룹은 5조 5000억 원을 썼다.

두 그룹이 이처럼 거액의 금액을 배팅한 데에는 현대건설이 갖고 있는 현대그룹의 적통성과 상징성 때문이었다. 현대건설은 오늘날 현대그룹을 만든 일등 공신이자 정주영 전 회장의 혼이 담긴 기업이다.

현정은 회장은 고인이 된 남편 정몽헌 전 회장에 이어서 현대그룹을 이끌고 있기 때문에 당연히 창업주의 혼이 담긴 현대건설을 갖고자 했다. 반면 정몽구 회장은 (사실상) 장자임에도 불구하고 현대그룹의 적통성이 조금 부족하다는 것을 현대건설로 채우고 싶은 마음이 가득했다.

인수 금액을 더 많이 쓴 현대그룹이 우선협상자로 선정이 되었지만 현대차그룹은 현대그룹의 인수 금액 마련의 불투명성에 대한 이의를 계속 제기했고 그 결과, 현대그룹을 제치고 현대건설을 인수하게 되었다.

:: 아직 끝나지 않은 '이름' 지키기 ::

현대그룹은 어려워진 여건상 현대증권을 KB금융지주에 매각했다. 그런데 매각과정에서 현대그룹의 계열사인 현대엘리베이터가 110억 원을 주고 '현대증권'이라는 상표권 일체를 샀다.

사실 KB금융지주는 현대증권을 자회사로 편입하면서 현대증권이라는 상호를 사용할 계획이 없었다. 그래서 시장에서는 현대증권이라는 상표권이 다시 나오면 현대차그룹이 살 가능성이 높을 것으로 예상했다. 그런 다음, 계열사인 HMC투자증권의 이름을 현대증권으로 바꿀 것이 거의 확실하다고 봤다. 현대그룹도 그러한 상황을 예측하고 미리 손을 쓴 것이다.

아는 사람은 알겠지만 증권사 이름을 갖고 과거에 현대차그룹과 현대그룹은 한 번 다툰 적이 있다. 현대차그룹이 신흥증권을 인수하면서 증권사명을 '현대IB증권'으로 하자 당시 현대증권을 소유하고 있던 현대그룹이 '현대'를 넣지 말라며 소송을 제기했다. 현대차그룹은 이후 '현대차IB증권'으로 교체했지만 그래도 현대그룹이 반발하자 지금의 'HMC투자증권'으로 변경했다.

이처럼 현대가에서 '현대'라는 이름을 서로 갖기 위해 노력하는 이유는 그 이름에 애착이 강하기 때문이다. 사실 재벌 2세는 젊은 시절부터 창업주와 그룹을 일궈왔기에 함께 그룹을 만들었다는 자부심이 강하다. 그룹명에 창업주와 자기 2세들의 노력이 담겨있다고 생각한다. 그래서 그룹의 명예를 상징하는 그룹의 이름을 자신의 것으로 만들기 위해 자존심 싸움도 하고, 때로는 예상보다 많은 돈을 주고서라도 갖고 오려고 한다.

:: 명예보다 실리가 우선 ::

이에 반해 재벌 3세들은 명예보다 실리를 좇는 경향이 강하다. 대표적인 사례가 삼성그룹의 사옥 매각이다.

2016년 초, 삼성그룹이 서울 중구에 있는 태평로빌딩을 매각하기로 했다. 태평로에 있는 삼성생명빌딩과 태평로빌딩, 삼성본관빌딩은 삼성그룹의 '태평로시대'를 상징하는 건물로, 이병철 전 회장이 직접 위치를 정했다.

세 건물 가운데 2016년 초 삼성생명빌딩을 부영그룹에 매각한 이후 태평로빌딩까지 매각하기로 하면서 삼성그룹의 태평로시대는 막을 내리는 것으로 봐도 무방할 것 같다. 삼성그룹의 시작이라는 상징성을 갖고 있다는 점에서 태평로에 있는 건물들은 강남에 있는 사옥과는 별개로 유지할 것으로 보였지만, 실용주의를 추구하는 이재용 부회장이 태평로빌딩을 매각하기로 결정했다.[12]

이런 결정 뒤에는 태평로시대라고 일컬어지는 삼성그룹의 상징성보다 현재의 실리를 좇는 효율성을 우선으로 두겠다는 판단이 읽혀진다. 그동안 이재용 부회장은 그룹을 운영하면서 그룹의 주력 사업을 중점적으로 키우고, 그 외 비주력사업은 정리하는 흐름을 보였다. 즉, 가능성 있는 사업에 더 집중하겠다는 것이다. 또한 신사업에 집중하기 위해 그룹의 유동성을 높이겠다는 의지로도 읽힌다. 삼성그룹은 앞으로 전기 자동차, 바이오 등 신사업을 추진할 계획이다. 이런 신사업 추진을 위한 자금을 확보함으로써 선택과 집중의 역량을 높이겠다는 판단일 것이다.

이쯤에서 한 가지 궁금증이 생긴다. 만약 이건희 회장이 병상에 누워있지 않고 계속해서 삼성그룹을 경영했다면 삼성그룹의 상징성을 갖고 있는 태평로빌딩을 매각하려고 했을까? 아마도 이병철 전 회장과 함께 태평로시대를 일궈온 이건희 회장으로서는 이런 결정을 내리기까지 고민이 깊었을 것이다.

바로 이런 차이다. 재벌 2세는 그룹의 이름이나 적통성에 대한 애착이 강하지만 3세는 그것보다 실리를 좇는다는 차이 말이다. 물론 실리 추구를 나쁘게 볼 필요는 없다. 대신 이처럼 2세와 다르게 어떤 경영을 하는지를 지켜보는 것도 3세의 경영 방식을 읽어나가는 관전 포인트가 될 것이다.

돈으로도 못 사는 건강

세상에는 돈으로도 못 사는 것들이 있다. 특히 건강은 엄청난 경제력을 지닌 재벌들조차 살 수 없다. 재벌가의 건강에 관한 이슈는 극비라 할 만큼 알려지지 않지만, CJ그룹 이재현 회장의 구속으로 인해 알려지게 된 삼성가의 가족력은 부(富)에 대해 다시 한 번 생각하게 한다.

얼마 전, 한 회장의 구속과 재판에 관한 뉴스로 시끄러웠던 적이 있었다. 사실 재벌가 회장의 횡령과 탈세 배임에 대한 이야기는 그리 특별한 것은 아니다. 그러나 그 뉴스가 유독 대중들의 관심을 받은 이유는 재판의 내용보다 항소심에 나타난 회장의 모습 때문이었다.

주인공은 바로 CJ그룹 이재현 회장이다. 1993년 삼성그룹에서 제일제당이 분리된 후부터 이재현 회장은 직접 기업을 경영했고 20년 만에 CJ그룹을 15배 성장시켰다. 설탕, 밀가루 등의 식품기업이었던 제일제당은 CJ로 이름을 바꾸면서 사세를 확장해 엔터테인먼트와 미디어, 바이오 등 최첨단 기업으로 우뚝 섰다.

CJ가 미국의 영화제작사 드림웍스에 3억 달러를 투자하며 처음 영화산업에 뛰어들었을 때 그룹이 영화산업을 한다는 것에 대해 세상은 고개를 가로저었다. 그리고 10여 년 동안 약 2000억 원의 적자를 기록하자 그룹 내에서도 부정적인 분위기가 만들어졌다. 그러나 이재현 회장은 포기하지 않았다. 기존 영역을 확대하거나 인수합병이라는 쉬운 길보다 새로운 영역을 개척하고자 노력한 것이다. CJ그룹에서 영화사업을 담당하는 CJ엔터테인먼트는 현재 최대 관객 수를 동원한 〈명량〉 외에도 〈광해, 왕이 된 남자〉, 〈해운대〉, 〈베테랑〉 등 관객 1000만 명 이상을 동원한 영화를 다수 갖고 있다. 또한 할리우드 배우들을 출연시킨 〈설국열차〉 등을 성공시키며 우리나라 영화계에 새로운 지평을 열었고 이제는 대학생이 선호하는 기업 중 하나가 되었다.

:: 비밀이 밝혀진 회장 ::

그렇게 CJ그룹을 이끈 이재현 회장이 일련의 사건으로 휠체어를 타고 법정에 들어섰을 때는 재벌가의 후손, 진취적인 경영자의 모습은 찾아볼 수 없었다. 많은 재벌 총수와 정치가가 병이 있다는 핑계로 휠체어에 타고 나타났지만 이재현 회장의 상태는 칭병 차원이 아니라 남은 몰랐던 유전병과 사투하는 모습이었다.

보통 재벌가 가족의 건강과 가정사는 특급 비밀로 다뤄진다. 특히 기업 총수의 건강 상태는 주가 등 기업의 상황, 국내 경제와도 직결되기 때문에 알려진 바가 거의 없다. 그런데도 수형기간 동안의 위험 때문에 밝힌 이재현 회장의 유전병은 돈으로도 살 수 없는 건강에 대해 시사하는 점이 많다.

이재현 회장이 앓고 있는 병은 샤르코마리투스(CMT)로 유전병이다. 운동신경과 감각신경의 손상에 의해 발생하며 유전자 돌연변이로 인해 신경장애가 근육을 위축시킨다. 희귀질환 중에서도 발병빈도가 높은 이 병은 근본적인 치료법이 없다. 인구 10만 명당 36명꼴로 발생하며 50대를 넘어서 급격히 악화된다. 특별한 치료방법이 없기 때문에 꾸준한 재활 및 물리치료를 통해 퇴행을 지연시키는 게 할 수 있는 유일한 방법이다.

12살 때 신우신염을 앓아 죽을 고비를 넘긴 적이 있었던 이재현 회장은 긴 공판과정에서 만성신부전증과 샤르코마리투스가 악화되었다. 그 때문에 신장을 이식받는 수술까지 했지만 거부반응이 일어나 다시 병원으로 후송되기도 했다. 이재현 회장은 지병 등의 이유 때문에 일반인보다 면역억제제를 더 강하게 쓰고 있으며 통상 3가지만 쓰는 억제제를 4가지나 사용하고 있다. 감염 관리가 철저해야 하는 이재현 회장의 모습은 칭병을 해서 조금이라도 편하기 위해 머리를 쓰는 것이 아니라 실제로 생명과 직결된 상황인 것이다.

삼성그룹을 글로벌 기업으로 키워낸 이건희 회장도 건강 이상설이 나올 때마다 활발한 대외활동 등을 외부에 보이며 불식시키고자 노력했다. 하지만 지금은 힘든 시간들을 보내고 있다. 이건희 회장은 2014년 5월 급성 심근경색으로 자택 인근 병원에서 심폐소생술을 받고 다음 날 스텐트 수술을 받은 이후 지금까지 입원 중이다.

이건희 회장은 폐암은 아니지만 1999년 폐 부근의 림프절 암으로 치료받은 적이 있고 병원으로 후송될 당시 심한 기침으로 힘들어했다고 한다. 또 2005년 정기검진에서 폐암 정밀진단 소견을 받고 미국 휴스턴 MD 앤더슨 암센터에 입원했던 적도 있다. 그 당시 삼성에서는 건강에 이상이 없다는 결과를 보도자료로 냈지만 이건희 회장은 하와이에서 머물다가 미국에서 4개월 정도 시간을 보냈다. 2008년 6월 경영권 불법승계 혐의 등으로 검찰 조사를 받을 때에는 폐수종 증세로 입원하기도 했다.

:: 부자≠행복, 돈으로 못 사는 것들 ::

재벌이 경제를 주도하는 우리나라의 경우에는 재벌가 구성원의 건강이나 사생활은 철저히 비밀로 한다. 특히 기업 회장들과 관련한 모든 것은 기업의 가치와 직결되어 특급 기밀로 다뤄진다. 회사 내부의 분위기는 물론 대외적으로도 문제가 되기 때문이다.

이건희 회장이 쓰러졌다는 소식에 바로 우리나라의 주식시장이 바짝 긴장하고 해외 뉴스에서도 이슈가 되는 등 나라 경제에 영향력과 파장이 컸던 것처럼 기업의 회장들은 속내야 어찌됐든 건재함을 과시하고 문제의 여지가 될 만한 것은 내보이지 않는다. 스캔들과 다르게 건강은 개인이 어떻게 할 수 없지만 알려져서는 안 되고 불안감조차 내색할 수 없을 뿐 아니라 대중들을 위한 쇼라도 보여줘야 하는 것이 재벌 회장들의 현실이다.

이러한 모습을 보면, 우리나라에서 손꼽히는 재벌가에서도 돈으로 건강을 살 수 없다는 것을 알게 된다. 물론 우리나라에서만 일어나는 일이 아니다.

세계적인 애니메이션 기업인 디즈니의 창업주이자 경영주인 월트 디즈니는 폐암으로, 월마트의 창업주이자 세계 대부호 중 한 사람인 샘 월튼은 골수암의 일종인 다발성골수종으로 사망했다. 돈이 많으니 다른 사람들보다 더 많은 치료를 받을 수는 있어도 건강까지 살 수 없는 것이다.

재벌가의 부유함을 많은 사람이 부러워하지만 그들 나름대로 일반인들보다 더 파란만장한 이야기를 가슴에 묻고 있을 가능성이 높다.

이재현 회장의 뉴스를 보면서 이재현 회장은 지금 살고 싶다고 절규할지도 모르겠다는 생각이 든다. 만약 이재현 회장이 평범한 집안에서 살았다면 지금과 어떻게 다른 모습일까?

모든 재벌가의 사람이 '부자=행복'의 공식으로 사는 것만은 아니다. 부유하다는 것은 남들보다 더 평안하게 사는 것이 아닌 편리하게 사는 것일 뿐인지도 모른다.

황태자와 기업인 사이

한 시사 프로그램에서 재벌 3세 후계자들의 경영 능력에 따른 순위를 발표했다. 국내 학계·업계, 경제 전문가 50명이 평가한 순위에서 재벌 3세들은 대부분 낙제점을 받았다.
재벌 3세, 그들은 과연 앞으로 황태자로 남을 것인가? 인정받는 기업인이 될 것인가?

몇 년 전부터 국내 굴지의 그룹들은 거의 대부분 재벌 3세로 지분과 경영권의 승계를 시작했다. 기업 경영성과 평가 사이트인 CEO스코어의 자료에 따르면, 국내 30대 그룹(자산 기준) 중 총수와 3세가 있는 25개 그룹의 승계율은 평균 41.7%이다. 그중 사실상 승계가 끝났거나 마무리 단계인 기업은 삼성그룹, GS그룹, 두산그룹, 신세계백화점그룹, 현대백화점그룹, 효성그룹, 동국제강그룹 등이며 이 중에서 GS그룹과 두산그룹은 4세대에 해당된다.

아직 승계가 완전히 이뤄지지는 않았지만 그룹 내 주요 직책을 맡아 적극적으로 경영에 참가하고 있거나 경영 수업을 받고 있는 그룹도 많다. 현대자동차그룹, LG그룹, 현대중공업그룹, 한진그룹, 한화그룹, LS그룹, 금호그룹, 대림그룹, 현대그룹, OCI, 영풍그룹 등이 진행 중이다. 결론적으로 승계가 가능한 환경에 있는 재벌가에서 대물림을 준비하지 않은 그룹은 한 곳도 없다.

이들의 세습에 재계 전문가들이 관심을 가지면서도 우려하는 것은 최소 비용으로 최대 효과를 내기 위해 발생하는 문제들도 그렇지만 더 중요한 것은 재벌 3세들이 미래의 한국 경제에 미칠 영향이다. 경영 능력을 대내외적으로 인정받아 회장 자리를 차지했다기보다 그 자리에 올라서 경영 능력을 입증하려는 모습을 비판하는 목소리까지 있다.

창업 1세 대부분은 한국전쟁 후 아무것도 없는 어려운 환경에서 남다른 혜안과 도전정신, 배짱으로 무에서 유를 창조하며 경제 발전의 토대를 일궈냈다. 그 뒤를 이어 1980년대 후반부터 1990년대 초반에 대거 등장한 2세들도 창업주와 함께 젊은 나이 때부터 엄격하고 힘든 경영 수업을 받았다. 그들은 아버지(1세)가 하지 않은 새로운 사업에 진출하면서 빠른 의사 결정과 과감한 투자로 기업의 가치를 높였다. 또한 물려받은 기업들의 영역을 확장하며 국내의 경제를 책임지는 것은 물론 세계 기업의 반열에 올리며 성장을 이뤘다.

그때까지만 해도 사회적으로 창업주 가문의 세습과 가족 경영이 그리 이슈가 되지 않았다. 그러나 3세 경영자들이 등장하면서 상황은 달라졌다. 고생은 한 적이 없고 특권의식만 있으면서 할아버지(1세), 아버지(2세)와 모든 것이 같지 않다는 문제가 나타났기 때문이다.

많은 전문가가 3세들에게 기업가 정신이나 경제 발전의 헌신, 도전정신이 없다고 한다. 더구나 고도 성장기를 마친 우리나라의 현재 경제 환경에서 새로운 사업은 성공과 실패를 가늠하기 어려운 상황이다. 그렇기 때문에 편하게 공부하고 편하게 경영 수업을 받아 어려움 없이 경영자가 된 3세들은 굳이 위험을 감수하면서까지 모험적인 기업가가 되고 싶어 하지 않는다. 계열사 일감 몰아주기, 부동산 투자, 외제 자동차 수입, 골목상권 침범 등 손쉽고 안정적인 수익사업에 더 관심이 많다. 훌륭한 기업인의 마인드는 거의 없고 수익을 안정적으로 창출해서 '황태자'의 자리를 유지하고 싶어 한다. 물론 황태자와 기업인 사이에서 고전분투하고 있는 3세들도 있다.

:: 재벌 3세, 잘할 수 있을까? ::

재벌 3세의 가장 대표적인 인물은 삼성그룹 이재용 부회장이다. 우리나라 재계를 대표하는 삼성그룹의 2세대인 이건희 회장이 2014년 갑자기 급성 심근경색으로 쓰러진 이후부터 전권을 받았다고 할 정도로 그룹 경영 전반을 진두지휘하고 있다. 그 과정에서 편법승계라는 부정적인 이미지를 얻게 되었지만 이재용 부회장은 현재 자신만의 경영전략을 꾸준히 실행하고 있다.

한때는 과거에 진행했다가 실패했던 e삼성의 사례가 회자되며 경영 능력에 회의적인 시선도 많았지만, 최근에는 긍정적인 평가가 많이 나오고 있다. 이재용 부회장은 온화하고 겸손한 성품의 리더십을 가졌다고 한다. 또 오너로서의 책임과 실천에 대한 노력도 보여준다. 현장 중심의 실용주의 경영을 강조하는 이재용 부회장은 지난해 실적이 부진한 삼성중공업과 삼성증권을 방문하여 격려했고 삼성서울병원의 메르스 감염 사태 때에는 직접 대국민 사과를 발표하기도 했다. 보통 재벌 총수들이 그런 자리에 절대로 모습을 드러내지 않는 것과 확연한 차이를 보였다.

사업적으로는 기업의 인수합병과 비핵심사업의 과감한 정리를 긍정적으로 보고 있다. 아직 그로 인한 두드러진 수익에 대한 평가기준은 없지만 한화와의 방산·화학 계열사 빅딜 성사, 삼성SDI 케미칼 사업부와 삼성정밀화학 및 삼성BP화학의 (롯데그룹으로) 매각 등은 선택과 집중을 보여준다는 평이다.

신사업 추진에도 열정을 갖고 있다. 삼성은 새로운 사업으로 자동차 전장사업과 바이오사업을 육성할 계획이다. 특히 바이오사업은 기업의 미래를 이끌 사업으로 추진하고 있다. 바이오 의약품 시장 규모는 2011년 1410억 달러에서 2020년 2780억 달러(약 310조 원)로 예측되는 분야다. 물론 우려하는 시각도 있다. 반도체와 달리 의약품은 세계 각국에 규제가 다양하게 있기 때문에 시간이 오래 걸리며 영향력과 경쟁력이 불확실하다는 것이다. 물론 이러한 불확실은 이재용 부회장이 극복해야 할 과제다. 신사업에 대한 성과나 인수합병이 삼성그룹의 미래에 어떤 결실을 줄 것인가는 한국 재계만이 아닌 세계 경제계에서도 주시하는 부분이다.

이외에 두각을 나타내고 있는 3세 인물로는 정기선 현대중공업 전무와 김동관 한화큐셀 전무가 있다. 정기선 전무는 아랍에미리트연합(UAE)에 있는 람프렐과 사우디 국영 석유회사인 아람코, 사우디 국영 해운사인 바리와 함께 사우디 프로젝트에 참여했다. 사우디 프로젝트는 정기선 전무가 팀을 구성하여 프로젝트의 시작 단계부터 실무협상 지휘, MOU(양해각서) 체결까지 직접 성사시킨 프로젝트다. 이번 프로젝트로 현대중공업은 사우디 합작 조선소 건립부터 사우디 내에서 발주되는 선박에 대한 수주 우선권을 확보할 뿐 아니라 조선소 운영 참여 등을 통해 다양한 부가수익까지 창출할 예정이다.

김동관 전무도 요즘 부쩍 자질을 인정받고 있다. 공군 통역장교로 3년 4개월 동안 군복무를 한 경력은 예전부터 모범적인 3세로 손꼽혔으며 친근하고 스마트한 성품으로 직원들에게 인기가 많다는 평을 받고 있다. 2015년 4월 미국 태양광 역사상 최대 규모의 모듈 공급계약을 체결했고 터키 현지 최대 규모의 태양광발전소를 완공했다. 또한 미국 태양광 주택용 시장에 모듈 공급, 인도 태양광발전소 건설에 필요한 모듈 공급 등 큰 계약을 연이어 성공시켰다. 그 결과, 해외 수주의 호조로 지난해 2분기 태양광 흑자 전환 달성, 3분기 사상 최대 흑자를 기록했다.

:: 새로운 고민을 해야 할 시기다 ::

이제 시대가 변화하고 있다. 한 명의 리더가 천재적인 판단력으로 밀어붙여 성장하던 추격 성장의 시대가 막을 내리고 있다. 창업 세대의 '개척정신'과 2세들의 '도전정신'만으로는 기업의 영속성을 지키기 어려운 시대이자 더욱 커지고 복잡해진 글로벌한 시장 경제의 시대가 된 것이다.

재벌 3세들은 대부분 누구보다 좋은 교육으로 세상의 변화를 배우고 수준 높은 지식을 가졌을 것이다. 그러나 아는 것과 실행하는 것은 다르며, 머리로 배운 것과 몸으로 체험한 것의 차이는 크다. 많은 전문가가 온실의 화초처럼 자란 환경 때문에 혹은 검증되지 않은 능력 때문에 3세의 경영을 우려한다.

그렇다고 단순히 전문 경영인의 기업 경영이 정답은 아니다. 왜냐하면 우리나라에만 있다는 재벌의 경영 환경에서는 기업 밖에서도 얼마든지 경영과 인사에 개입할 수 있어 전문 경영인이 소신 있게 자신의 의견을 내기가 쉽지 않기 때문이다. 특히 이제 다가올 황태자의 시대는 더욱 그럴 것이다.

물론 재벌 3세 중에서도 도전정신으로 성과를 내는 인재들이 있다. 그리고 구멍가게도 자식에게 물려주고 싶어 하는 문화를 가진 우리나라에서 오너들의 심정을 이해 못하는 바는 아니다.

문제는 3세들의 진정한 자질을 알아야 한다는 것이다. 자질이 부족한 자식들을 위해 그동안 아버지인 현재 회장들은 자식들의 학벌을 세탁하고 자식들을 위한 계열사를 만들어줘서 일감을 몰아줬다. 또 경제 발전을 위한 사업이 아닌 일반인들의 밥그릇을 빼앗기 위한 사업으로 손쉽게 자식들의 안전한 경영을 보장해줬다.

기업은 작은 가게와 다르다. 기업의 잘못된 의사결정은 사소해 보이는 것도 경제를 흔들 수 있다. 더 나아가 사회적인 혼란까지 부를 가능성도 높다.

《삼국지》에서 유비, 손권, 조조는 알아도 유선, 손량, 조비를 아는 사람이 몇 명이나 있을까? 유비의 촉나라에는 최고의 전략가 제갈량이 있었지만 유비의 아들 유선은 나라를 망쳤고 오나라 손권의 아들 손량은 신동이었으나 끝내 허수아비 왕으로 단명했다. 조조의 아들 조비도 편협한 성격 때문에 나라를 운영하는 큰 그릇을 갖지 못해 위나라를 기울게 만들었다.

이제 '기업인'이 될 각오를 가진 3세들만이 경영을 해야 한다. 전문 경영인체제, 경영권 분리 등 기업의 존속을 위한 다양한 방법이 있을 수 있다. 그러나 그 이전에 우리나라의 경제를 책임지는 3세들이 '황태자'와 '기업인' 사이에서 진정한 기업가의 정신에 대한 고민을 했으면 하는 바람이다. 지금은 글로벌시대이므로 새로운 미래 전략이 필요한 때다.

재벌 3세의 미래
그들에게 주어진 왕관의 무게

　개인의 행복도로만 따진다면 재벌 3세들은 그룹 총수가 아닌 후계자였을 때 더 행복할지도 모르겠다.

　재벌 3세로 시장에 나서는 순간부터 무한경쟁과 주변의 시기, 재벌을 바라보는 차가운 시선에 맞서 망망대해(茫茫大海)에 떠 있는 그룹이라는 배를 운항해야 한다.

　그들이 항해하는 바다에는 앞으로 어떤 위험이 도사리고 있을지, 그들이 가야 할 길은 어떤 것인지 살펴보자.

시장의 냉혹한 심판대에 올라서다

재벌 3세의 미래에 꽃길이 놓여 있다고 할 수 있을까? 돈은 많겠지만 그 길이 꽃길이라고 할 수는 없을 듯하다.
하늘이 마련해준 기업 승계의 자리를 지키기 위해서는 혼신의 노력을 다 해야 한다. 더구나 그들을 바라보는 냉혹한 평가에서 모두가 인정할 만한 합격점을 받아야만 진정으로 기업을 승계했다고 할 수 있을 것이다.

재벌 3세들이 시장의 냉혹한 심판대에 올라섰다. 재벌가 내에서는 부전승에 가까울 정도로 손쉽게 부와 명예를 보장하는 승계의 자리에 올라설 수 있었지만 냉혹하기 짝이 없는 시장에서는 이런 특혜를 기대하기 힘들다. 이제는 높은 자리에 올라선 사람답게 능력과 결과를 당당하게 보여줘야만 한다. 더구나 재벌 3세에 대한 국민과 시장의 시선은 그리 호의적이지 않다. 삼성가의 이부진 호텔신라 사장이나 정의선 현대자동차그룹 부회장처럼 출중한 능력을 보여주는 인물도 있으나 아직은 시장에서 별다른 검증을 받지 못한 경우가 대부분이다.

:: 아직은 걱정스러운 3세들 ::

가장 큰 문제는 그룹을 창업한 1세대나 그 옆에서 아버지의 피눈물 나는 고생을 지켜보며 함께 창업과정을 도운 2세와 달리 쉽게 자리에 올라갔다는 점이다. 고생이 뭔지도 모르는 사람이 경영이라는 험난한 파고 속에서 그룹을 너무 쉽게 맡는 것에 대해 걱정부터 앞서기도 한다.

그룹 의존도가 높은 우리나라 경제 상황에서 한 그룹이 휘청하면 그 아래에 있는 (협력)기업들은 도미노처럼 무너질 수밖에 없다. 과거 대우그룹과 한보그룹 사태를 지켜본 우리는 잘 알고 있다. 그러니 3세들이 그룹을 잘 이끌 수 있을지 우려가 매우 많다.

또한 아주 적은 지분으로 거대한 그룹을 지배하려는 모습이 보는 사람으로 하여금 조마조마하게 만든다. 그룹 총수가 지분을 많이 갖고 있으면 그룹의 운영과 운명을 같이 하겠다는 의지까지 보일 수 있다. 만일 외부에서 경영권에 대해 공격해도 쉽게 방어할 수 있으므로 그룹을 안전하게 이끌 수 있다. 하지만 그룹을 승계하려는 요즘 재벌 3세를 보면 지분이 상당히 적다. 지분이 강남에 있는 빌딩 하나 살 정도인 1000억 원대에 불과한데도 몇 조가 넘는 그룹을 쥐락펴락한다는 것에 대해 이해할 사람이 얼마나 될까? 오히려 불안하게 보일 것이다. 모래 위에 쌓은 성처럼 말이다. 그런데도 적은 지분으로 최대의 효과를 거두기 위해 일반인들은 이해하기도 힘든 순환구조 등으로 그룹을 지배하려고 진행 중이다. 설령 그룹 경영에 문제가 생겨 타격을 입어도 재벌 총수가 입는 타격은 상대적으로 작아 '책임은 작게, 권한은 무한대'라는 문제가 발생한다.

마지막으로 가장 우려스러운 부분이 재벌 3세들의 인성 문제다. 말도 안 되는 대형 참사가 벌어져 국가 전체가 혼란에 빠지고 상처를 받은 가족이 엄청나게 많은 상황인데도 그러한 사람들을 미개하다고 자신의 SNS에 올려 큰 충격을 준 경우도 있었다.

사실 재벌 3세들이 저지른 사건, 사고는 우리가 알고 있는 것보다 훨씬 많을 것이다. 아마 지금도 그룹 차원에서 그러한 일을 막고 있을지 모른다.

:: 기회이자 위기인 시험대 ::

재벌 3세들의 잘못된 행동이 빈번하게 뉴스에 나올수록 그들을 보는 잣대는 냉정해질 수밖에 없다. 이제는 3세도 그 자리에 어울리는 능력과 결과로 증명을 해보여야만 한다.

정몽준 아산재단 이사장의 장남이 상무로 승진한 지 1년 만에 전무가 되었다. 두산그룹은 박용만 두산인프라코어 회장의 장남 박서원 오리콤 부사장을 전무로 올리고 새롭게 진출한 면세점사업을 맡겼다.

이들에게는 공통점이 있다. 기업의 신성장 동력이 절실한 순간, 그 신성장 동력을 만들기 위해 뛰어 들었다는 점이다.

현대중공업은 한때 선박 건조 세계 1위를 할 만큼 세계에서 인정받는 글로벌 기업이었다. 하지만 2014년 창사 이래 최대 적자라는 최악의 성적을 받았다. 세계 해운의 불황 여파로 조선업이 예전 같지 않아 매출과 이익이 계속 떨어지는 것이다. 이처럼 위기에 빠지자 수뇌진 교체와 임원을 30% 줄이면서까지 안간힘을 쏟고 있다. 정몽준 이사장은 공식적으로 기업 일에 관여하지 않고 대주주로 있기 때문에 장남인 정기선 전무의 행보에 눈길이 쏠리는 것은 당연하다. 그가 침체된 기업을 어떻게 살려낼 것인지 지켜볼 필요가 있다. 지금의 힘든 시기를 잘 넘긴다면 3세 경영인으로서 당당하게 인정받을 수 있을 것이다.

두산그룹 박서원 전무의 어깨도 만만치 않게 무겁다. 두산그룹이 전략적으로 새롭게 시작한 면세점사업을 제 궤도에 올리기 위한 시험대에 섰기 때문이다. 온실 속 화초들이 필드에 뿌리를 내리고 무성한 숲을 이루며 자랄 수 있을 것인지 많은 눈이 쏠리고 있다.

옛말에 '형만 한 아우 없고, 아버지만 한 아들 없다'라는 말이 있다. 하지만 그룹 경영에 있어서만은 이 말이 예외가 되어야 한다. 아버지보다 그룹을 더 잘 이끄는 아들이 나와야 한다. 해외 기업들이 100년 기업의 역사와 전통을 써내려가는 것처럼 우리나라도 아버지보다 더 나은 자식이 그룹을 이끌고 성공하는 역사를 써내려 가야 하는 시점에 와 있다.

무임승차

{ 헬조선. 수저론 등의 말은 '부가 곧 계급'이 된 한국 사회에 대한 쓰디쓴 일갈이다. 아무리 노력해도 나아지지 않는 삶을 살고 있는 일반인들에게 다이아몬드 숟가락을 물고 태어나 거대한 기업을 물려받는 3세들의 무임승차는 자괴감만 깊어지게 하고 있다. }

현재 우리나라를 뒤덮고 있는 유행어이자 화두는 '수저론'이다. 해방과 한국전쟁을 치르면서 기존 계급 질서가 무너진 지 60년. 기존 계급 질서가 사라진 자리에는 신흥자본가로 구성된 재벌들만의 계급이 탄생되었다.

태어날 때부터 평민과 다른 신분으로 태어난 이들은 그들만의 울타리를 쌓으며 한국의 '신(新)귀족'으로 자리 잡고 있다. 신자유주의가 팽배해지고 경제 성장률이 떨어지면서 경기가 안 좋다는 아우성은 갈수록 거세지지만 '돈으로 돈을 먹는' 재벌을 비롯한 자본가에게 이런 상황은 오히려 손 안 대고 코를 풀 수 있을 만큼 좋은 구조다. 오히려 외환위기와 금융 위기 등의 파고를 거치며 (살아남은) 재벌들의 성은 더욱 견고해졌다.

아무리 발버둥을 쳐도 달라지지 않는다는 허탈감에서 나온 말이 '흙수저를 물고 태어났다'는 조소다. 여기에는 오직 자식으로 태어났다는 이유로 아무런 노력 없이 부를 물려받는 재벌들에 대한 비판도 한몫을 한다.

창업주의 경우 맨 몸으로 그룹을 이룬 자수성가형이 많았다. 물론 부유한 집안의 도움으로 기업을 세운 창업주도 있었지만 그래도 하나의 기업을 그룹으로 만들기 위해서는 엄청난 노력이 필요하다. 그래서 그 노력과 성취에 대한 존경의 시선이 있었다.

창업주의 자녀인 2세도 어느 정도 인정을 받았다. 경영하는 아버지(창업주) 옆에서 함께 고생했으니 그룹을 맡아도 잘 운영할 것이라고 생각했기 때문이다.

그러나 재벌 3세의 경우는 다르다. 이미 태어날 때부터 집안의 부는 과할 만큼 축적되어 있고 그룹은 처음부터 있었던 것처럼 우뚝 서 있는 상태다. 더구나 어렸을 때부터 유학을 다녔기 때문에 할아버지와 아버지가 경영하는 모습을 가까이에서 보지도 못했다. 그러다 30세 전후가 되면 서로 약속이라도 한 듯 아버지의 그룹에 차장이나 부장으로 입사했다가 몇 년이 지나면 임원급인 전무로 승진한다. 금수저를 물고 태어났다는 이유만으로 특별한 노력 없이 무임승차를 하는 것이다.

:: 장기간에 걸쳐 교묘하게 이뤄지는 그룹 승계 ::

재벌 3세가 세금을 제대로 내지 않고 그룹을 물려받는 것에 대한 반감이 의외로 크다. 실제로 온갖 편법을 동원해서 대물림을 끝낸 그룹이 거의 대부분이다.

요즘 뉴스를 연일 뜨겁게 달구는 그룹이 있다. 바로 일본과 한국에서 거대 유통기업이 된 롯데그룹이다. 그런데 롯데그룹을 세운 신격호 총괄회장의 지분은 불과 0.05%이다. 416개의 순환출자 고리를 통해 적은 지분으로 자산규모 93조 원의 거대 그룹을 이끌고 있다.

신격호 총괄회장이 이렇게 그룹 지배구조를 복잡하게 만든 이유에는 여러 가지가 있는데 그중 하나가 상속세에 대한 부분이다. 나중에 자식들이 물려받을 지분이 적으니 상속세가 상대적으로 적게 나오기 때문이다.

그동안 수많은 그룹에서는 가장 적은 금액으로, 가장 효과적으로 자식에게 물려주려고 상당히 오랜 기간에 걸쳐 알게 모르게 승계 작업이 진행되고 있다.

대표적인 방법이 비상장 자회사를 활용하는 것이다. 그룹 전체를 물려받으면 상속세가 어마어마하다. 그래서 그룹의 꼭대기에 있는 비상장 기업 하나만 물려받도록 한다. 이렇게 하면 상속세를 최대한 줄일 수 있다. 삼성그룹이 이러한 방법으로 승계 작업을 벌이면서 세상에 알려졌다.

이재용 부회장은 아버지 이건희 회장이 증여한 자금으로 비상장 계열사인 에스원 등의 주식을 샀다. 얼마 후, 이 기업들은 상장을 했고 이재용 부회장은 수백억 원의 시세 차익을 남긴다. 이렇게 번 돈으로 에버랜드 전환사채(일정한 기간이 지나면 채권을 발행한 회사의 주식으로 전환할 수 있는 권리가 있는 채권)를 저가로 산다. 그리고 이재용 부회장은 주식으로 교환해 한순간에 에버랜드의 최대 주주가 되었다. 그다음 에버랜드는 당시 삼성그룹의 지배권을 갖고 있던 비상장사 삼성생명의 주식을 저가로 구입하면서 사실상 삼성그룹의 꼭대기에 있게 된다. 상대적으로 적은 자금으로 삼성그룹을 지배하게 된 것이다.

이건희 회장이 쓰러진 후 삼성그룹을 이재용 부회장 등의 자녀가 어떻게 물려받을지 세상의 시선은 아직도 매우 날카롭다. 오래전부터 승계를 위해 다양한 작업을 했지만 아직 이건희 회장이 갖고 있는 주식과 재산이 워낙 많아 상속세가 엄청나기 때문이다.

마땅한 비상장 계열사가 없다면 아예 자식을 위한 계열사를 만드는 방법이 있다. 그 계열사를 상장시키면 그룹의 주식을 살 자금을 마련할 수 있기 때문이다. 현대차그룹의 현대글로비스가 이에 해당한다.

현대글로비스는 현대차그룹의 운송을 총괄하는 기업으로 대주주는 정몽구 회장의 아들인 정의선 부회장이다. 어찌 보면 오너의 아들이 소유한 회사에 그룹의 물류 관련 업무를 몰아주는 것은 당연하다고 할 수 있다. 그 결과, 현재 매출 15조 원 돌파가 기대되는 거대 기업으로 성장했다.

2001년 75명의 직원으로 시작해 창립 첫해에만 2000억 원의 매출을 올렸고 불과 10여 년 만에 매출이 15조 원이나 된다는 것은 그룹 전체의 지원을 받지 않고서는 불가능에 가깝다고 본다. 정의선 부회장은 현대글로비스를 통해 마련한 자금으로 현대차그룹의 주력 계열사 주식을 조금씩 사고 있다. 그룹의 덩치를 바탕으로 사세를 확장하면서 승계에 필요한 실탄을 마련한 것이다.

이러한 방식을 참고했는지 모르겠지만 이제는 '비상장 계열사 주식 취득 → 상장 후 실탄 마련 → 모(母)회사 주식 취득'의 과정을 따르는 경우가 흔하다. 대기업뿐만 아니라 중견기업(대기업과 중소기업의 중간에 위치한 기업)도 이러한 방법을 따르는 움직임을 보이고 있다.

:: 부의 대물림은 언제까지 이뤄질 것인가 ::

주식 합병도 재벌 3세들이 무임승차를 하는 방법으로 활용되고 있다. K 기업의 창업주는 주식 합병으로 장남에게 경영권을, 차남에게 1000억 원이 넘는 엄청난 현금을 안겨주었다.

K 기업이 상장하기 전에는 장남과 차남에게 K 기업의 주식이 없

었다. 대신 K 기업의 제품을 판매하는 계열사 KK 주식을 갖고 있었다. 이 KK 기업은 K 기업과의 내부 거래를 통해 덩치를 키웠다. 어느 정도 덩치를 키웠다고 판단이 되었는지 K 기업은 KK 기업을 흡수 합병했다. 이 과정에서 창업주의 자식들은 갖고 있던 KK 기업의 지분을 K 기업의 지분으로 바꾸면서 장남은 최대 주주, 차남은 2대 주주가 됐다. 이후 상장 과정을 통해 장남은 창업주가 세운 기업을 증여세 한 푼 내지 않고 물려받았으며 차남은 보유 지분을 팔아 엄청난 현금을 챙겼다.

증여받은 종자돈으로 유상증자에 참여하거나 목적법인을 만들어 대주주로 등극하는 예도 수없이 많다. 그래서 재벌 3세의 경우 성인이 되기 전에 이미 상당한 금액이나 지분을 증여받는다. 성인이 되기 전에 이미 상당한 재력가인 셈이다. '아버지에게 최소 몇십억 원 증여받기 → 증여받은 돈으로 그룹의 꼭대기에 있는 기업의 유상증자에 참여해 2대 주주까지 올라가기 → 이번에는 아버지에게 주식 증여받기 → 1대 주주가 되기 → 이를 바탕으로 계열사들의 주식까지 매입하기' 등의 방법으로 그룹 전체의 최대 주주가 되는 것이다.

이와 같은 대물림은 거의 모든 재벌가에서 이뤄진다고 봐도 무방하다. 자식의 무임승차를 위해 기업 재무팀과 법무팀 등이 수족이 되어 움직이고 있다는 것이 거의 정설로 통하고 있다. 수저론이 급속도로 퍼지고 일반인들의 상실감이 더욱 커질 수밖에 없는 이유이기도 하다.

정부는 이러한 편법 대물림을 강력하게 단속하겠다고 밝혔다. 계열사의 일감 몰아주기 등을 좌시하지 않겠다는 경고다. 그러나 재계에 알만한 기업들은 앞에서 말한 방법을 통해 이미 승계 작업을 거의 끝냈다. 재벌 3세들의 무임승차를 막기에는 늦지 않았나 싶다.

고집과 아집

{ 부족한 것 없이 혜택만 받고 자란 재벌 3세들은 약간의 싫은 소리나 반
대에도 참지 못하고 '욱'한다. 평생 대접만 받고 살았기에 싫은 소리나
반대를 자신에 대한 모욕이고 비난이라고 생각하기 때문이다.
할아버지와 아버지가 이뤄놓은 황금탑 위에서 좁은 틈으로 세상을 바
라본 결과가 아닐까? }

　　손꼽히는 명리학자 조용헌 원광대 교수는 칼럼을 통해 우리나라
재벌 3세들이 (자신이) 쌓은 공덕에 비해 너무 과분한 자리에 앉아
있다고 일갈했다. 그는 분명히 능력을 펼치기 위해서는 '자리'가
필요한데 창업주들은 노력으로 그룹의 기틀을 마련했으며 2세들
은 그런 아버지에게 배우면서 땀을 흘렸지만 3세들은 상대적으로
편하게 살았다고 봤다. 그리고 자리에 대한 내공이 부족하지 않을
까 걱정을 했다. 자신이 땀 흘린 것보다 지나친 자리에 앉아 있다
며 걱정을 금하지 못한 것이다.

　　실제로 창업주들은 각고의 노력을 통해 기업을 일으켰다. 그리

고 창업주의 노력을 옆에서 지켜보며 도운 재벌 2세들은 몸으로 체득한 가르침이 많다. 또한 일일이 알려줄 수 없을 때는 철저한 밥상머리 교육을 통해 자식을 엄하게 길러냈다. 특히 정주영 전 회장의 밥상머리 교육은 매우 유명하다.

현대가의 이런 전통은 정몽구 회장에게로 고스란히 이어져 3세인 정의선 부회장 역시 혹독할 정도로 엄격한 가정교육을 받고 자랐다. 경영 성과에 대한 평가도 냉정해 정의선 부회장은 기아차의 디자인 차별화에 성공했을 때 비로소 인정받기 시작했다. 그리고 2015년 11월 4일 서울 동대문디자인플라자에서 열린 제네시스 브랜드 출범식에 처음으로 전면에 나서면서 대내외적으로 현대차그룹을 이끌 진정한 후계자임을 알렸다. 아버지 정몽구 회장을 만족시킨 결과로 보인다.

그러나 '가지 많은 나무에 바람 잘 날 없다'는 말처럼 같은 현대가라 해도 재벌 3세의 철없는 행동은 여전히 벌어지고 있다. 몇 년 전, 주택가 인근에서 젊은이들이 대마초를 피웠다가 체포되었다. 그런데 이 중에 한 명이 범현대가로 알려줘 충격을 줬다. 가뜩이나 3세에 대해 걱정하던 사회의 시선을 더욱 어둡게만 만들어줬다.

3세의 트러블 메이커로 유명한 G 씨는 온갖 철없는 행동으로 이제는 갑질 대명사로까지 불리기도 한다. 주가 조작으로 수백억 원을 착복했을 뿐만 아니라 무작정 월세를 올려놓고는 계약기간이 남아 있는 세입자들에게 내지 못하면 나가라고 욕설과 횡포를 부

렸다. 세입자의 영업을 방해하기 위해 건물 앞에 쇠말뚝을 박고 쇠
사슬을 걸기까지 했다.

:: 재벌 3세의 고집 ::

재벌 3세들 대부분은 듣기 싫은 소리나 귀찮은 소리는 아주 질
색하고 본인의 주장에 토를 달거나 부정하면 가차 없이 인사상 불
이익을 준다. 30년 이상 회사에 다닌 원로 임원들도 30대 재벌 3세
에게 꼼짝 못하는 이유가 바로 여기에 있다.

실제로 국내 굴지의 대기업 계열사 대표를 지낸 J 씨의 증언은
충격적일 수밖에 없다. 전략적으로 추진 중인 신사업에 대해 J 씨
가 "국내 시장 여건이나 세계 경제 흐름을 봤을 때 이 부분에 대한
대규모 투자는 무리인 것 같다"라고 사장단 회의를 통해 3세 경영
인에게 의견을 제시했다. 3세 경영인이 자신의 업적을 쌓기 위한
사업인 것은 알고 있었지만 선진국에서조차 시기상조라며 속속
포기하는 업종이라 진심으로 우려를 표시했다.

그런데 회의가 끝나고 이틀 뒤에 회장실에 불려간 J 씨는 호된
야단을 들어야 했다. 3세의 아버지인 회장이 J 씨에게 세계 경제
의 흐름도 못 읽으면서 안주하려고만 하느냐며 질책을 한 것이다.
3세 경영인이 아버지에게 J 씨를 기득권이나 지키려는 무사안일
주의자로 보고한 것이다. 결국 J 씨는 그해 말 정기인사에서 옷을

벗게 되었다. 이 일이 있은 후부터 해당 그룹 내에서는 3세에게 아무도 싫은 소리를 하지 않고 있다. 그룹은 그 신사업에 무려 수조 원이나 되는 돈을 쏟아 부었지만 결과는 아직까지 불투명하다는 평가가 있다.

재벌 3세들은 자신의 고집과 아집이 우리 경제의 걸림돌이 된다는 점을 모르는 것 같다.

부모에게 배워야 할 것

부모는 자식이 인생에서 가장 처음 만나는 스승이다. 특히 재벌가 자녀들에게 부모는 보호자이자 상사, 그리고 멘토다.
앞으로 훌륭한 경영자가 되기 위해서는 그 길을 먼저 걸은 부모들의 장점을 배우는 것이 지름길을 찾는 방법이다.

'세 사람이 함께 길을 걸으면 반드시 나의 스승이 있고, 세 살짜리 어린아이에게도 배울 점이 있다'라는 말이 있다. 하물며 빈손으로 시작해 세계적인 기업을 이룬 재벌 회장들에게 배우고 본받아야 할 점은 한두 가지가 아닐 것이다.

현대그룹을 일으킨 정주영 전 회장은 "이봐, 해봤어?"라는 말을 입에 달고 살았다. 그런 그도 사업 초기에는 어려운 일을 겪으며 많은 시련을 감당해야 했다. 1950년대 초반 정주영 전 회장의 현대건설은 여러 공사를 진행하고 있었는데 갑작스런 정부의 긴급통화조치로 화폐 가치가 평가 절하되고 물가까지 치솟자 매우 힘들어졌다. 돌파구를 찾기 위해 맡았던 공사까지 1년 넘도록 교각 하나 제대로 세우지 못하게 되자 어려움이 극에 달했다.

어렵다는 말을 하지 않던 정주영 전 회장조차 이때만큼은 앞이 보이지 않았다고 한다. 그러나 이내 정신을 가다듬고 자신과 동생들의 집까지 팔아 공사를 끝냈다. 신용을 잃으면 모든 것이 끝장이니 어떻게든 사업 약속은 지켜야 한다는 점을 후손들에게 보여준 것이다.

삼성그룹이 세계적인 기업이 될 수 있도록 기틀을 마련한 이병철 전 회장도 은행 돈을 많이 빌렸다가 엄청난 시련을 겪은 일이 있었다. 은행 돈을 빌려 소작농들이 내놓은 땅을 싸게 산 덕분에 20대의 젊은 나이에 200만 평의 땅을 가진 경남 최대의 지주가 됐다. 소작료 역시 그의 계산대로 들어와 별문제 없이 은행 돈을 갚아 나갈 수 있었다. 그런데 갑자기 중일전쟁이 터지고 은행에서 대출자금을 회수하기 시작하자 땅값은 폭락했고 은행 돈을 갚아야 했던 이병철 전 회장은 싼값에 땅을 팔아야 했다. 결국 그의 수중에 남은 땅은 겨우 10만 평에 불과했다.

이병철 전 회장은 이때의 실패 경험을 오랫동안 기억하고 있었던 것 같다. 1975년 전경련에서 있었던 최고 경영자 대회에서 "뜻하지 않은 좌절을 겪어본 기업가는 좌절을 모르고 자란 기업가보다 훨씬 더 강인한 능력을 갖고 있다. 진흙은 좋은 흙이 아니며 더럽기까지 하다. 그러나 진흙의 양이 많으면 많을수록 더 큰 불상을

만들 수 있다"라는 이야기를 했다. 실패를 더 큰일을 꾸밀 수 있는
바탕으로 생각하라는 이병철 전 회장의 이야기 속에는 배울 점들
이 차고 넘친다.

:: 화목한 SK에는 최신원 회장이 있다 ::

'의리 경영인'이라고 하면 최신원 회장을 빼놓을 수 없다. 최신
원 회장은 SK그룹 창업주인 최종건 전 회장의 차남이다. 형인 최
윤원 회장이 일찍 타계해 사실상 SK그룹의 맏형 노릇을 하고 있으
며 사촌 동생인 최태원 SK 회장을 도와 집안에 잡음이 나지 않도
록 하는 중요한 역할을 맡고 있다.

사실 SK그룹도 다른 그룹처럼 가족 간 불화가 일어날 여건을 갖
고 있었다. 그런데도 SK그룹이 조용하게 유지되는 배경에는 최신
원 회장이 보이지 않는 조정 역할을 하고 있기 때문이다.

창업주인 최종건 전 회장은 갑자기 별세하기 직전에 동생인 최
종현 전 회장에게 그룹 경영을 맡기면서 조카들도 잘 돌봐달라는
유언을 남겼다. 이에 최종현 전 회장은 자신의 아들(최태원, 최재원)
과 조카(최윤원, 최신원, 최창원)들 모두를 자신의 아들이라며 끔찍
하게 보살폈다. 최종현 전 회장은 그룹 경영을 맡은 뒤 유공(현 SK
에너지)과 한국이동통신(현 SK텔레콤)을 인수하며 그룹을 재계 4위
로 도약시켰다. 형에게 승계받을 때보다 엄청난 규모의 대그룹으

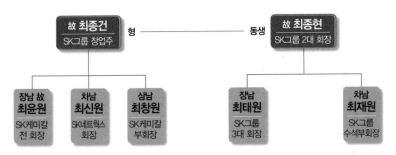

SK그룹 가계도

故 최종건
SK그룹 창업주
― 형 ――――――― 동생 ―
故 최종현
SK그룹 2대 회장

장남 故
최윤원
SK케미칼
전 회장

차남
최신원
SK네트웍스
회장

삼남
최창원
SK케미칼
부회장

장남
최태원
SK그룹
3대 회장

차남
최재원
SK그룹
수석부회장

* 최종건 창업주와 최종현 회장의 자녀 중
SK그룹 경영에 참여하고 있는 형제만 표기했다.

로 발전시킨 것이다.

최종현 전 회장이 타계한 뒤 SK그룹의 경영권은 장남인 최태원 회장에게 갔다. 창업주 최종건 전 회장의 아들인 최신원 회장이나 최창원 SK케미칼 부회장 입장에서는 불만을 가질 수 있는 상황이었다. 그러나 SK는 그룹 승계와 관련해서 별다른 잡음이 없이 순탄하게 진행되었다. 이처럼 물 흐르듯이 무리 없이 진행되는 데에는 최신원 회장의 공이 크다. 맏형 노릇을 해온 최신원 회장이 문제를 크게 만들었다면 다른 기업들처럼 '왕자의 난'으로 번졌을지 모른다. 하지만 최신원 회장은 앞장서 다른 형제들까지 설득하며 SK그룹의 무난한 승계를 이끌어냈다.

최신원 회장의 이러한 모습에는 해병대 출신의 동료의식이 영향을 준 이유도 있다. 최신원 회장은 해병대 258기 출신이다. 과거 최종건 전 회장이 내성적 성격을 극복하라며 최신원 회장을 형인 고(故) 최윤원 SK케미칼 회장과 함께 해병대에 입대시켰다. 해병대 전역 후에도 그의 해병대 사랑은 계속되었고 아들인 최성환 SKC 상무도 해병대에 입대했다. SK에 재직할 당시에는 임직원들에게 해병대 캠프에 참여해 동료의식과 도전정신을 배우도록 했다.

SK그룹의 가족 간 화합은 유명하다. 2016년 초, 창업주 최종건 전 회장의 부인인 노순애 여사가 별세했을 때에는 장례식 내내 자리를 지킨 가족 간의 우애가 새삼 화제가 됐다. 이런 흔들림 없는 가족 간의 화합은 최태원 회장이 수감되는 바람에 '총수 부재'라는 최악의 상태를 겪으면서도 SK그룹이 흔들리지 않았던 이유이기도 하다.

최신원 회장의 행보가 부쩍 빨라졌다. 2016년 4월 SK네트웍스 회장에 선임되면서 19년 만에 경영에 복귀한 것이다. 그동안 최신원 회장은 그룹 경영에서 한 발 떨어져 장학재단을 설립하고 기부와 사회봉사에 꾸준히 참여했다. 그래서 최신원 회장은 재벌가 가운데 개인 기부를 가장 많이 한 사람이기도 하다. 퇴직 임원이나 그룹 내의 가족들을 챙기는 일 역시 가장 앞장서서 했다.

최신원 회장이 19년 만에 SK네트웍스 회장으로 복귀한 것에는 특별한 의미가 있다. 최신원 회장에게 SK네트웍스는 고향 같은 회사다. 부친인 최종건 창업주가 1953년 설립해 지금의 SK그룹을 만든 원동력이 된 모태 기업인 동시에 최신원 회장이 1990년대 후반에 부사장을 지낸 기업이기 때문이다. 그렇게 의미가 있는 기업에 다시 돌아왔으니 의지가 충만할 것이다.

취임하자마자 임직원들과 악수를 하며 격의 없는 소통을 해나가 겠다는 의지를 피력했다. 최신원 회장은 "많은 소통을 통해 변화를 줘야 할 부분에는 과감하게 변화를 주고 잘하는 부분에 대해서는 격려를 아끼지 않을 것이다. 특히 어려움이 있을 때 함께 고민하고 해결하는 데 도움을 줄 수 있는 역할을 맡겠다"라며 직원들에게도 의리 있는 경영자가 될 것임을 약속했다.[13] 최신원 회장은 책임경 영을 하겠다는 의사를 보이기 위해 SK네트웍스의 지분을 늘려가 고 있다.

재벌에 대한 곱지 않은 시선 때문에 재벌이 이룬 사업적 성과와 의리 경영, 가족 간의 화합 등이 폄훼되는 경우가 있다. 하지만 본 받아야 할 점을 갖고 있는 재벌의 사례도 많다. 재벌 3세들은 같은 재벌이라도 모범이 되는 분이 있으면 본받아 사회의 귀감이 되었 으면 한다. 최신원 회장의 행보는 그런 차원에서 돋보인다 하겠다.

:: 의리 경영을 배워라 ::

2015년 한화그룹 김승연 회장은 신년사를 통해 새로운 도약의 원년으로 삼자고 하면서 그것이 '국가에 대한 의리, 사회에 대한 의리, 국민에 대한 의리를 지키는 일'이라고 했다. 귀에 익숙한 의

리론을 내세우며 의리의 재벌 총수로 불리는 그의 면모를 과시한 것이다. 가끔 말썽을 일으키기도 하지만 한 번 뜻이 통하고 마음을 주면 평생 변치 않는 의리를 과시하는 김승연 회장에게도 배울 점이 많다.

1999년 한화에너지를 현대정유에 매각하는 과정에서도 '의리의 사나이' 김승연 회장 특유의 장점은 유감없이 발휘됐다. 매각 대금을 20억~30억 원 덜 받아도 좋으니 근로자를 한 명도 해고하지 않는 조건으로 매각 작업을 추진하라는 그의 지시는 많은 임직원에게 감동을 주었다. 이 덕분에 모든 직원이 고용 승계되었다. 아울러 김승연 회장은 앞으로 한화에 복귀를 원하는 사람은 마지막 한 명까지 받아주라는 지침을 내렸다고 한다.

김승연 회장이 1997년부터 로버트 김을 후원한 일화 역시 유명하다. 로버트 김은 1997년 미국의 기밀을 유출했다는 혐의로 미국 펜실베이니아주 앨런우드 연방교도소에 수감돼 있었다.

2003년 로버트 김을 위한 후원회가 정식 발족되기 전부터 김승연 회장은 개인적으로 로버트 김에 대한 지원을 아끼지 않았다. 그러나 이 같은 사실을 주위 사람은 물론 회사 내 측근도 알지 못했으며, 석방된 로버트 김이 한 라디오 인터뷰를 통해 세상에 널리 알려졌다.

당시 로버트 김은 국가 기밀 유출혐의로 수감된 탓에 미국 정부와의 관계를 의식해 다른 기업들은 거리를 두고 있었다. 그런 상황에서 미국 정관계 인사와 친밀한 관계를 유지하고 있었던 김승연 회장의 후원은 분명 용기 있는 행동이었다. 이 외에도 김 회장이 천안함 유족들을 특별 채용한 일이나 외환위기를 이유로 다른 기업들이 문화 예술에 대한 후원을 끊을 때 예술의 전당이 주최한 교향악 축제를 지원하는 등 메세나 운동에도 성의를 다한 자세 역시 배울 필요가 있다. 이러한 '의리 경영' 덕택에 그를 둘러싼 온갖 구설에도 한화그룹이 국내 대표 기업의 자리를 유지하고 있는지 모른다.

김승연 회장 못지않은 의리의 총수가 이명희 신세계그룹 회장이다. 이명희 회장은 1991년 삼성그룹으로부터 신세계백화점과 조선호텔(현 웨스틴조선호텔)을 갖고 분가해 오늘의 신세계그룹을 이룬 장본인이다.

이명희 회장은 창업주인 이병철 전 회장을 가장 많이 닮았다는 평가를 받고 있다. 치밀한 성격과 과감한 결단력 등이 이병철 전 회장의 자녀들 중에서 가장 뛰어나다는 것이 주변 인사들의 전언이다. 〈중앙일보〉 기자를 거쳐 삼성그룹 임원으로 있다 퇴직한 인사에게 지금도 회사 일을 맡기며 의리를 지키는 것은 잘 알려진 사실이다. 그 인사가 〈중앙일보〉 기자 때 자신에게 베푼 호의를 잊지 않고 있는 것이다.

특히 이명희 회장은 결재를 하지 않는 것으로 유명하다. 이병철 전 회장 때부터 내려오는 전통이지만 이명희 회장은 결재를 하지 않은 이유에 대해 10년 전 한 인터뷰에서 "책임을 피하기 위한 것이 아니라 전문 경영인에게 맡기려는 뜻이다. 대신 믿지 못할 사람은 아예 쓰지 말라는 선대 회장(이병철 전 회장)의 가르침을 따르고 있다"라고 밝혔다.

신세계그룹 임원들의 평균 재임기간이 다른 기업에 비해 긴 것도 이러한 이명희 회장의 '의리' 인사에서 비롯된다. 백화점과 호텔 하나로 시작해 현재 거대한 유통 재벌로 성장한 이면에는 이명희 회장의 든든한 '의리 경영'이 뒷받침됐다고 할 수 있다.

부모에게 배우지 말아야 할 것

{ 부모도 부모 노릇은 처음인지라 자식에게 보여서는 안 될 행동을 하기도 한다. 또한 좋지 않은 행동임을 알지만 이익을 얻으려고 해서는 안될 행동을 하기도 한다. 하지만 그것이 계속 반복되면 결국 공멸한다는 사실을 알아야 한다.
나를 낳아준 부모라고 해도 배우지 말아야 할 것이 분명 있다. }

'공멸'에는 어깨를 맞대고 있던 두 사람이나 세 사람 모두 함께 무너지고 망한다는 의미가 있다. 수많은 어려움을 뚫고 그룹을 세운 창업주가 가장 두려워하는 일이 바로 2세, 3세로 내려갈수록 재산이 흩어지고 경영권이 약해지는 것이다. 왜냐하면 갈수록 챙겨야 할 머릿수가 많아지니 그 머릿수대로 나눠주다 보면 그룹의 힘이 약해질 수밖에 없기 때문이다.

그래서 창업주는 2세가 여러 명이라고 해도 되도록 장남에게 우선적으로 물려주는 방법을 선택했다. 다른 형제자매들의 불만이 있었지만 사회 통념상 크게 이슈가 되지 않았다. 하지만 3세 때부터는 분위기가 달라졌다.

3세 때가 되면 창업주가 2세에 물려줄 때보다 챙길 머리가 훨씬 많아진다. 또한 그동안 사회 분위기도 달라지고 여성의 사회 참여가 활발해지면서 차남이나 딸들이 자신의 상속 권리를 놓치지 않으려고 한다. 이에 따른 소송과 분쟁이 하루가 멀다 하고 재계에서 벌어지고 있다. 차선책으로 장남에게 그룹의 주력 기업을 우선 주려고 해도 둘째와 셋째가 가만히 물러나지 않는다. 여기에다 재산만 물려받으면 불만이 없을 줄 알았던 딸들도 기업을 운영하겠다고 주장한다. 이 과정에서 그룹 내 소외되었던 임원들이 각각 자신의 이해관계와 연결되는 (현 회장의) 형제자매들에게 달라붙으니 싸움이 점점 커진다. 그야말로 그룹의 기초부터 흔들리는 위기가 시작되는 것이다.

결국 승자 없는 소송의 나락으로 빠져들게 되면 이후부터 그룹은 제대로 경영되기 힘들어진다. 그 사이 경쟁 기업들이 시장을 잠식해도 가족 간 다툼으로 신경을 쓰지 못하면서 그룹의 경쟁력은 약해질 대로 약해진다. 요즘처럼 하루가 다르게 변하는 세상에서는 한 번 약해진 경쟁력은 다시 회복되기 힘들다. 가족 간 다툼이 끝나기도 전에 그룹부터 역사 속으로 사라질 수 있다. 3세들이 부모에게 배우지 말아야 할 일이지만 아직도 여전히 빈번하게 발생하고 있다.

:: 롯데가의 계속되는 형제간의 다툼 ::

1970년대에 나온 광고 한 편이 있다. 코미디언 구봉서 씨와 후라이보이 곽규석 씨가 출연한 '농심라면' 광고다. 당시 인기스타였던 두 사람은 광고에 출연해 "형님 먼저", "아우 먼저"라며 라면을 서로에게 양보하는 모습을 보였는데 이 광고의 히트로 농심라면은 엄청난 성공을 거둔다. 아예 사명을 '농심'으로 바꾸고 이후 신라면 등의 히트작을 계속 내놓으며 라면업계의 황제기업으로 자리 잡았다.

하지만 '의좋은 형제'라는 콘셉트의 광고를 낸 농심의 창업주 신춘호 회장은 큰형 신격호 총괄회장과 사업에 대해 크게 다툰 후부터 지금까지 감정의 골이 좁혀지지 않고 있다.

5남 5녀 중 장남인 신격호 총괄회장은 일본에서 사업으로 성공하고 한국에서 사업을 시작하면서 동생들을 모두 경영에 참여시켰다. 하지만 경영에 참여한 동생들과 크고 작은 분쟁이 끊이지 않았고 지금도 서로 왕래를 하지 않을 정도라고 한다(신선호 사장 예외).

신춘호 (농심) 회장은 롯데무역 부장 등을 거치며 롯데그룹의 확장에 크게 기여했다. 1960년대 초반 한국이 쌀 부족을 해결하기 위해 혼분식 장려정책을 펼치자 이제 한국에서도 라면이 성공할 수 있다고 판단한 신춘호 회장은 한국에 롯데공업을 세운다. 신격호 회장은 라면사업을 반대했지만 신춘호 회장은 롯데공업을 통

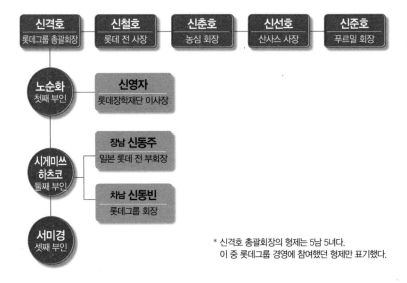

롯데그룹 가계도

| 신격호 롯데그룹 총괄회장 | 신철호 롯데 전 사장 | 신춘호 농심 회장 | 신선호 산사스 사장 | 신준호 푸르밀 회장 |

노순화 첫째 부인 — **신영자** 롯데장학재단 이사장

시게미쓰 하츠코 둘째 부인 — **장남 신동주** 일본 롯데 전 부회장 / **차남 신동빈** 롯데그룹 회장

서미경 셋째 부인

* 신격호 총괄회장의 형제는 5남 5녀다.
이 중 롯데그룹 경영에 참여했던 형제만 표기했다.

해 롯데라면을 출시한다. 신춘호 회장은 신격호 총괄회장에게 형
말을 듣지 않고 마음대로 '롯데'라는 사명을 붙였다며 미움을 받는
다. 초반에 형의 지원을 받지 못해 고생하면서 어려움을 겪게 되자
그때 생긴 서운한 감정이 지금도 남아 둘 사이가 벌어졌다고 한다.
신춘호 회장이 '롯데'라는 상호를 쓰지 못하게 하는 바람에 사명을
'농심'으로 바꾸는 과정에서 상처를 받아 지금의 불편한 관계가 되
었다고 보기도 한다.

2010년 롯데그룹 계열사인 롯데마트에서 PB 상품으로 라면을
출시했다. 그런데 이름이 '롯데라면'이었다. 당시 신춘호 회장은
기분이 어땠을지 궁금하다. 지금의 농심그룹이 있기까지 큰 역할

을 롯데라면이 했는데 그 이름이 다른 기업에서, 그것도 감정이 좋지 않은 형의 기업에서 나왔으니 기분이 좋기만 하지는 않을 것 같다.

또한 신격호 총괄회장은 막내 남동생 신준호 푸르밀 회장과도 사이가 좋지 않다. 신준호 회장은 땅 문제 때문에 신격호 총괄회장과 소송을 벌이다가 롯데햄·롯데우유를 갖고 독립한다. 그러다가 롯데그룹으로부터 롯데 브랜드 사용 중단을 요청받자 지금의 푸르밀로 바꿨다.

신격호 총괄회장과 동생들의 불화는 2세인 신동주 전 부회장과 신동빈 회장 간에도 이어지고 있다. 결과적으로 부모에게 배우지 말아야 할 것을 배우고 말았다.

과거 신격호 총괄회장과 동생들의 불화는 당시 신격호 총괄회장의 거대한 영향력 덕분에 롯데그룹에 별다른 해를 끼치지 않았다. 그러나 현재 롯데그룹 경영권을 두고 다투는 2세들의 싸움은 기업 이미지 추락뿐만 아니라 롯데그룹 지배구조에 대한 사회의 반발까지 불러일으키고 있다. 형제간의 싸움 때문에 롯데그룹 입장에서는 알려지지 말아야 하는 치부까지 만천하에 공개되어 버렸다. 급기야 아흔이 넘은 아버지에 대한 정신감정까지 진행되기도 했으니 맨손으로 롯데그룹을 일군 창업자 신격호 총괄회장의 일생에 크나큰 오점이 되고 말았다.

지금은 고인이 된 CJ그룹 이맹희 명예회장이 몇 년 전에 이건희 회장을 상대로 재산 분할 소송을 냈다. 이 과정에서 차명주식에 대한 부분이 다시 나오면서 재판 결과에 상관없이 삼성그룹과 CJ그룹은 기업 이미지에 큰 타격을 입었다. 또한 빚이 더 많은 이맹희 명예회장의 재산 규모가 알려지면서 상처까지 받았다.

부모에게 배우지 말아야 할 것이 분명히 있다는 사실을 다시 한번 일깨워준 교훈이 아닐 수 없다.

누가 왕관을 제대로 쓸 것인가?

{ 세상 모든 사람이 선망하는 (그룹 회장이라는) 왕관을 제대로 쓰기 위해서는 왕관의 무게를 견뎌야 한다. 아직까지 3세들은 2세와 달리 아무런 노력 없이 얻은 왕관을 머리에 얹고 으쓱대기만 한다는 눈총을 받고 있다. 누가 왕관의 무게를 견디고 빛나는 왕관을 제대로 쓰게 될지 세상의 이목이 쏠리고 있다. }

재벌 3세가 인정받기 위해서는 재벌가에 태어났기 때문이 아니라 충분히 그럴 만한 자질이 있어서 물려받는다는 것을 보여줘야한다. 아버지에게 물려받은 그룹에 자신의 경영 능력을 더해 더욱크게 발전시키는 것이 지금 재벌 3세가 풀어야 할 과제이자 나아갈 길이다. 그래서 많은 사람이 재벌 3세가 아닌 창업자적 경영인의 모습을 기대하고 있다.

지금의 CJ그룹을 일군 이재현 회장은 대표적인 창업자적 경영인이다. 예전 같았으면 이재현 회장에게는 재벌 3세 중 한 명이라기보다 비운의 황태자라는 말이 더 어울렸다. 이병철 전 회장의 장남이자 아버지인 이맹희 명예회장이 삼성그룹을 물려받았다면 지금 이재현 부회장의 자리는 이재현 회장의 것이 될 가능성이 매우 높았기 때문이다.

이재현 회장이 젊었을 때는 이건희 회장이 삼성그룹의 모든 실권을 갖고 있어서 어느 누구도 이재현 회장의 장래를 낙관하기 어려웠다. 그러나 당시 30대 초반이었던 이재현 회장은 "재산이 많고 적고는 중요하지 않다. 내가 경영을 얼마나 잘할 수 있는가가 관건이다"라고 말하면서 당찬 결심을 밝혔다.

그 당찬 결심대로 당시 삼성그룹의 계열사였던 제일제당을 갖고 1993년 독립했다. 이후 20년 만에 삼성그룹의 한 계열사였던 제일제당을 재계 14위로 성장시켰으며 매출도 26조 원으로 끌어올렸다. 처음에는 식품과 식품서비스 밖에 없었던 사업군을 꾸준하게 확장시켜 생활문화의 대표 기업으로 변신시켰다. 이제는 그 누구도 이재현 회장을 비운의 황태자라고 부르지 않는다. 고만고만한 재벌 3세가 아닌 자신의 능력과 혜안으로 새로운 사업의 장을 일으킨 '창업자적 경영인'으로 칭찬하고 있다.

CJ그룹을 더 눈여겨봐야 할 이유로 이재현 회장이 일군 탄탄하고 매력적인 사업 포트폴리오도 있다. CJ그룹은 제일제당시절에 식품과 식품서비스 밖에 없던 사업군을 바이오와 생명공학, 엔터테인먼트 및 미디어, 물류 및 신유통 등이 더해진 4대 사업군으로 확대했다. 다른 그룹들처럼 문어발식 사업 확장을 하지 않고 문화와 콘텐츠라는 새로운 사업 분야를 개척해 지금의 창조적 사업 다각화를 이뤄낸 것이다. 지금 CJ그룹이 대한민국 문화기업을 넘어 글로벌 문화기업으로 인정받는 이유도, 이재현 회장을 단순히 삼성가의 재벌 3세가 아니라 CJ그룹의 진정한 창업자라 부르는 이유도 바로 여기에 있다.

'밥은 집에서 해먹는 것'이라는 고정관념을 깬 '햇반'은 이제 혼자 사는 사람뿐만 아니라 가정집에서도 필수 식료품이 되었다. 시대를 앞서 변화를 꿰뚫어본 것이다. 이뿐 아니라 국내에서 가장 먼저 선보인 멀티플렉스극장 CGV도 CJ그룹을 대표적인 문화기업으로 인식하게 만들어주었는데 이재현 회장의 혜안이 돋보이는 부분이다.

:: 겸손의 미덕으로 왕관의 무게를 이기다 ::

그동안 은둔의 경영을 계속하다 불혹의 나이를 넘기며 공격적이고 치밀한 경영으로 눈부신 성과를 내는 사람이 있다. 현대백화점그룹의 정지선 회장이 바로 그 주인공이다.

정지선 회장은 그동안 다른 현대가의 정의선 부회장이나 정지이 현대유엔아이 전무(정몽헌 전 현대그룹 회장의 딸) 등에 비하면 상대적으로 잘 알려지지 않은 재벌 3세지만 현대백화점그룹의 회장으로 취임하며 많은 주목을 받고 있다.

정지선 회장은 정주영 전 회장의 셋째 아들인 정몽근 현대백화점 명예회장의 장남이다. 2000년 현대백화점그룹 경영관리팀 부장으로 입사한 이후부터 2001년 기획실장 이사, 2002년 기획 및 관리담당 부사장, 2003년 총괄 부회장, 2006년 부회장으로 초고속 승진을 했다. 2007년 아버지 정몽근 명예회장이 건강상의 이유로 경영일선에서 물러나자 회장 자리에 올라섰다. 재벌 3세 중 가장 최연소의 나이(37세)에 회장이 된 것으로 유명하며 현재 동생인 정교선 부회장과 함께 경영하고 있다. 이렇게 젊은 나이에 물려받은 무거운 왕관의 무게를 견디기 위해 정지선 회장은 어떤 노력을 했을까?

초반에는 외부에 나서는 것을 극도로 꺼리는 동시에 아주 신중하고 보수적인 행보를 보이며 아버지가 물려준 현대백화점그룹을 발전시키기 위해 노력했다고 한다. 아버지인 정몽근 명예회장의 건강이 좋지 않은 상태이기 때문에 더욱 조심했다. 그의 이런 조심스런 행보는 겸손의 미덕을 재차, 삼차 강조한 할아버지 정주영 전 회장과 아버지 정몽근 명예회장의 영향을 받았기 때문으로 짐작된다. 사실 정몽근 명예회장은 유명세를 떨쳤던 정몽구 현대차그룹 회장이나 정몽헌 전 현대그룹 회장, 정몽준 아산재단 이사장과 달리 눈에 띄지 않는 조용한 행보를 보이면서 현대백화점그룹을 소리 없이 유통명가로 키워냈다.

정지선 회장은 40대로 접어들기 시작하면서 그동안 숨겨왔던 경영 능력을 본격적으로 발휘하고 있다. 2020년 그룹 매출 20조 원, 영업이익 2조 원 달성이라는 목표를 내세우면서 공격 경영으로 전환했다. 복합 쇼핑몰, 온라인 쇼핑몰, 아울렛 등으로 사업 다 각화를 추진하는 동시에 직원의 역량 강화를 이끌기 위해 수평적 조직문화를 만들려고 노력했다. 또한 야근 없는 회사를 만들려고 2014년 'PC 오프제'를 도입해 직원들의 호응을 이끌어 내고 있다. 가장 과묵한 느낌을 주는 젊은 재벌 3세 경영인이 직원들과 함께 왕관의 기쁨을 나누기 위해 애쓰고 있는 것이다.

이만하면 성공했다고 안심하는 순간 그동안 힘들게 일궈왔던 돈, 권력 등이 한순간에 무너지기도 한다. 특히 재벌 3세는 이런 위험에 빠질 가능성이 일반인보다 높다. 그러므로 매사 긴장하면서 이런 위험에 빠지지 않도록 해야 한다.

집안 정리도 중요하다

이건희 회장의 리더십이 더욱 빛나는 이유는 대외적인 경영 환경뿐만 아니라 복잡한 내부까지 매끄럽게 풀었기 때문이다.
내부까지 깔끔하게 정리한 결과, 큰 잡음 없이 오늘날의 삼성을 만들 수 있었다.

1987년 12월 1일 삼성그룹에서는 미래를 결정짓는 중요한 발표가 있었다. 이건희 부회장을 삼성그룹 회장으로 승진시키는 인사가 결정된 것이다. 창업주인 이병철 전 회장이 타계한 지 12일 만의 일이었다. 당시에는 대통령 선거가 코앞이었고 회장 승계 작업을 서둘러야 할 특별한 이유도 없었기 때문에 그의 회장 취임은 다소 늦춰질 것이라는 전망이 있긴 했다.

이건희 회장이 그룹 회장으로 취임할 때만 해도 삼성의 미래는 장밋빛이 아니었다. 위로 두 명의 형이 건재했고 누나와 여동생까지 직접 계열사 경영에 관여하는 등 복잡한 경영 구조를 갖고 있었다. 사업 부문 역시 보험사와 몇몇 소비재 회사를 제외하면 재계를 대표하는 기업군이 별로 없었다. 지금 삼성그룹의 얼굴이 된 삼성전자는 당시에 막 걸음마를 뗀 상태였다. 건설이나 중공업부문도 다른 기업들에 비해 두각을 나타내지 못하고 있었다.

그러나 30년이 흐른 지금, 삼성그룹의 위상은 절대적이다. 삼성전자는 세계적인 전자회사로 우뚝 섰으며 건설과 중공업부문은 독자적인 영역을 개척해 글로벌 기업으로 자리매김하고 있다. 재계 2위인 현대차그룹과 엄청난 차이를 보이는 1위 자리를 오랜 기간 동안 차지하고 있다. 그 사이 복잡했던 형제간의 재산 정리도 말끔하게 마무리가 됐다. 재벌 회장의 리더십과 집안 정리가 돋보인 사례다.

:: 자기만의 경영 능력을 보여줘야 할 시기 ::

이건희 회장이 쓰러진 지 2년이 지나면서 일단 '이재용 부회장의 경영 능력'에 대해서는 어느 정도 인정하는 분위기다. 지금까지 그가 삼성그룹을 이끌어온 전략은 인수합병(M&A)과 함께 비(非)핵심사업의 과감한 정리다.

이재용 부회장은 M&A를 적극적인 경영 수단으로 사용하기 시작했으며 실제로 경영에 도움이 될 IT 기업들을 잇달아 인수하고 있다. 반면 비핵심사업이라 판단되면 적자 기업이 아니라도 과감하게 매각하고 있다. 이에 대해 재계 관계자는 수익성이 뒤떨어지는 비핵심 분야는 과감하게 정리하고 나머지 사업에 역량을 집중하겠다는 이재용식의 경영 방침을 보여주는 것이라고 진단했다. 글로벌 경쟁력을 갖춘 기업은 적극적으로 인수하고 수익성이 낮은 사업은 지체 없이 정리하는 GE를 비롯한 미국식 기업들의 전략을 벤치마킹하는 것이라는 평가가 나오기도 했다. 현재 이재용 부회장에게 가장 시급한 문제는 그룹의 지배구조를 어떻게 개편하느냐는 것이다. 이것은 사업 재편 및 승계 구도와도 밀접하게 맞물리는 이슈다.

삼성그룹은 2013년 하반기부터 지속적으로 사업 구조를 재편했다. 2013년 9월에 있었던 삼성에버랜드의 제일모직 패션사업부문 인수 결정으로 시작된 사업 구조의 재편은 2015년 석유화학·방산 부문을 1차로 한화그룹에, 남은 화학부문을 롯데그룹에 2차로 매각하면서 1단계가 마무리되었다고 본다. 이제 2단계로 넘어가 진행 중인데 이재용 부회장이 과연 아버지인 이건희 회장처럼 복잡한 사업 구조를 어떻게 단순화할 것인지에 세상의 이목이 집중되고 있다.

또한 동생인 이부진 호텔신라 사장과 이서현 삼성물산 패션부문 사장과의 지분 정리도 풀어야 할 과제다. 이건희 회장 때만 해도 호텔신라는 이병철 전 회장의 장녀인 이인희 고문이 경영하고 있었다. 그러나 재산 분할 과정에서 이건희 회장이 갖게 되었다. 현재 이 호텔신라는 이부진 사장이 경영을 책임지고 있다. 그러나 이부진 사장은 호텔신라 지분이 전혀 없는 상태이며 이서현 삼성물산 패션부문 사장도 경영하는 기업의 지분이 없기는 마찬가지다. 대신 삼성물산, 삼성SDS 주식을 대거 보유하고 있다. 그래서 향후 지분 맞교환을 통해 계열 분리를 할 여지도 예상된다.

이건희 회장이 쓰러진 뒤, 2년 동안 삼성은 조용하게 그러나 내부 정리를 위한 치열한 수 싸움에 몰두하고 있다. 그동안 이재용 부회장의 주도로 사업 구조의 개편은 어느 정도 자리를 잡아가고 있다. 문제는 그룹의 향방을 좌우할 '이재용식 인사'다. 아직 이렇다 할 모습이 보이지 않는다. 이재용식 인사가 확실하게 그려질 때 사실상 삼성그룹의 미래가 보일 것이다. 이재용 부회장은 이제 자기만의 색깔로 경영 능력을 대내외에 과시해야 하는 것은 물론 두 동생을 포함한 집안 문제를 깔끔하게 풀어야 할 숙제를 안고 있다.

:: 동생이 형을 고발하다 ::

2014년 10월 효성그룹 조석래 회장의 차남 조현문 변호사가 업무상 배임 및 횡령 등의 혐의로 형인 조현준 사장을 서울중앙지검에 고발하는 일이 벌어졌다. 또한 그룹 계열사 임원 8명도 같은 혐의로 고발했다. 조현문 변호사는 당시 두 계열사의 등기이사로 있었지만 경영에서는 완전히 배제되었으며 불법 행위를 바로잡기

위해 고발했다고 밝혔다

왜, 무엇 때문에 가족인데도 고발하는지 우리는 정확한 내막은
알지 못한다. 그러나 이것만은 확실하다. '수신제가치국평천하(修
身齊家治國平天下)'라는 말처럼 '가족도 다스리지 못하는 사람이 기
업을 다스리고 경영을 할 수 있겠는가?'라는 물음이 남는다는 것
말이다.

집안 내부의 리스크(risk)가 밖으로 알려지는 것은 기업의 내부
뿐만 아니라 외부에 보이는 대외적인 이미지에도 좋지 않다는 것
은 상식이다. 그룹을 잘 이끄는 것만큼 집안 정리도 중요해진 시대
가 되었다.

오너 리스크

그룹 오너에 대한 의존도가 높은 재벌에서는 혹시라도 모를 회장님의 부재에 겁을 먹기 일쑤다. 오너가 감옥에 갈 경우 기업에서 말하는 단골메뉴도 '경영자의 부재로 인한 기업 성장 전략 부재'이다. 이러한 오너 리스크, 우리는 어떻게 바라봐야 할까?

그룹의 계열사에는 전문 경영인이 있다. 그리고 그 전문 경영인 위에 재벌 총수가 있다. 사실 그러한 구조에서 전문 경영인의 역할은 제한적이다. 오너의 결심과 투자 없이는 신규 사업에 진출하는 일도, 해외에 나가 사업을 추진하는 것도 쉽지 않다. 그래서 우리나라 그룹들은 오너 리스크에 치명적이다. 만약 뜻하지 않은 일로 인해 오너가 자리를 비우게 되면 그룹의 모든 신규 투자는 중단되고 신속하게 결정을 내릴 사람이 없으니 경영 전략 면에서 타격을 입는다. 오너의 부재 여부에 따라 어떤 결과가 나오는지 알려주는 사례가 있다.

:: 오너가 만든 위기, 해결한 위기 ::

2016년 5월 서울고등법원 2심 판결에서 장세주 동국제강 회장의 횡령 및 배임에 대해 일부 유죄 판결이 내려졌다. 장세주 회장은 횡령 및 원정 도박혐의로 기소된 1심과 같은 3년 6개월의 징역형, 추징금 약 14억 원을 선고받았다. 1심에 이어 2심에서도 무거운 징역형과 함께 추징금을 선고받은 이유는 회사 자금 208억 원을 횡령해 미국의 고급 카지노에서 도박하거나 개인 채무를 갚았기 때문이다. 또한 집행유예인 상태에서 또다시 횡령한 일도 영향을 미쳤다.

회장이 재판받는 동안 회사도 어려움을 겪었다. 동국제강은 철강산업의 지독한 불황으로 어려움을 겪자 사옥까지 매각하는 강도 높은 자구 노력으로 2016년 6월에 비로소 재무구조 개선약정을 졸업했다.

동국제강은 1929년 장세주 회장의 할아버지 장경호 전 회장이 설립한 기업이다. 설립 초기에는 가마니를 제작하는 대궁양행을 통해 사업 기반을 잡았으며 그 뒤에는 남선물산을 세워 수산물 도매업으로 사업 영역을 넓혔다. 동국제강이 본격적으로 기반을 만들게 된 것은 요즘 주위 어디서나 흔하게 볼 수 있는 '못'과 인연을 맺으면서부터였다.

장경호 전 회장은 한국전쟁이 끝났으니 재건사업이 활발해지면서 자연스럽게 못을 찾는 사람이 늘 것이라고 생각했다. 그의 예상은 제대로 맞아 그야말로 돈방석에 앉는 성공을 거두게 된다.

손자인 장세주 회장이 도박 혐의로 징역형을 받은 것과 달리 장경호 전 회장은 평생을 검소함과 나라를 위해 기업을 번창시켜야 한다는 생각으로 살아갔다.

장경호 전 회장은 첫 번째 사업으로 가마니 사업을 선택했다. 비수기에는 쓰임새가 적은 가마니를 모아 놓았다가 성수기에 팔기 위해서였다.

사업이 번창한 뒤에도 채식을 위주로 식사했으며 밥도 조금 모자라게 담아 절대 남기는 일이 없었다고 한다. 항상 검정 고무신을 신고 다녔으며 가장 호화로운 반찬이 구운 갈치토막이었다고 할 정도로 절제된 생활을 했다. 그 후 동국제강은 장경호 전 회장의 장남이 경영하다가 타계하자 창업주의 3남인 장상태 전 회장이 맡게 된다. 창업주의 차남은 외교에 관심이 많아 경영권을 고사했다. 장상태 전 회장의 뛰어난 경영 능력 덕분에 동국제강은 반석 위에 올라섰다는 평가를 받을 정도였다. 그만큼 놀라운 성장을 계속한 것이다.

그러나 지난 몇 년 동안 철강산업의 부진과 중국산 철강재 수입이 계속 증가하면서 막대한 손실을 기록하며 부채비율이 가파르게 올라갔다. 여기에다 그룹 오너인 장세주 회장(장상태 전 회장의 장남)까지 검찰 수사를 받으면서 동국제강은 한마디로 사면초가의

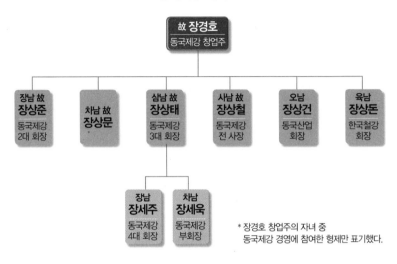

동국제강 가계도

故 **장경호**
동국제강 창업주

장남 故 **장상준**
동국제강
2대 회장

차남 故 **장상문**

삼남 故 **장상태**
동국제강
3대 회장

사남 故 **장상철**
동국제강
전 사장

오남 **장상건**
동국산업
회장

육남 **장상돈**
한국철강
회장

장남 **장세주**
동국제강
4대 회장

차남 **장세욱**
동국제강
부회장

* 장경호 창업주의 자녀 중
동국제강 경영에 참여한 형제만 표기했다.

위기를 겪게 된다.

하지만 아이러니하게도 오너 때문에 생긴 위기를 또 다른 오너
가 주축이 되어 돌파했다. 형을 대신해 구원투수로 등판한 동생 장
세욱 부회장이 발 빠르게 비상경영을 선포하고 수익 구조 개선과
사업 재편을 진행하였다. 그 결과, 지금은 동국제강의 부활을 이끌
고 있다는 평가를 받고 있다. 오너의 행동과 결정이 얼마나 큰 영
향을 미치는지 알게 해주는 대목이다.

:: 오너 리스크, 이대로 괜찮은가 ::

하지만 이쯤에서 짚고 넘어가야 할 것이 있다. 오너 한 사람의

결정에 의해 그룹 전체가 좌지우지되는 상황에서 (오너가) 한 번이라도 결정을 잘못하면 그룹이 한순간에 휘청거리는 '오너 리스크'를 보고만 있어야 하는가? 기업이 위기에 처할 경우 해당 기업에 근무하는 임직원은 물론 그 기업의 협력회사에 근무하는 사람들에게까지 영향이 미친다.

이제부터라도 이 오너 리스크를 오너 개인의 문제로 넘기면 안 된다. 오너가 경영과정에서 그릇된 결정을 하거나 도덕적으로 부정한 행위를 하기 전부터 그러한 행동을 하는지 지켜보고 방지하는 것이 우리가 국가 경제와 사회 발전을 위해 해야 할 일이다. 그래야만 제2의 옥시사태를 막을 수 있을 것이다.

얼마 전에 발생한 옥시사태는 경영자의 그릇된 판단이 많은 사람의 생명까지 빼앗아 갈 수 있음을 보여준 실례다. 경영자의 판단은 기업의 이윤을 떠나 소비자들의 안전과 일상에 지대한 영향을 준다. 그러므로 경영자들은 자신의 판단에 신중을 기해야 한다.

소비자라면 경영자가 그릇된 판단을 한 기업에 대해 철퇴를 가해야 한다. 요즘에 이러한 소비자들의 모습이 보이고 있어 다행이다. 이런 따끔한 질책은 경영자가 신중하고 책임 있는 의사결정을 하도록 유도할 것이다. 옥시사태가 벌어진 후 시민단체에서 옥시 제품의 불매운동을 벌인 것은 소비자들이 더 이상 기업의 불합리한 행동을 좌시하지 않겠다는 움직임이라고 할 수 있다.

기업이 사회적으로 물의를 일으키면 해당 기업의 제품에 대한 불매운동은 물론 기업의 책임을 물어야 한다는 움직임이 일어나고 있다. 재벌과 관련된 것은 아니지만 서울메트로의 스크린도어 사건도 마찬가지다. 이미 세 번이나 벌어진 사건인데도 관련 경영진은 변명만 늘어놨다. 만약 처음 사고가 발생했을 때 경영진이 조치를 강구했다면 더 이상 사고는 일어나지 않았을 것이다. 이렇게 기업의 잘못된 운영은 사회에 악영향을 미치고 수많은 사람에게 사회적 불신을 쌓게 만든다.

표창원 의원은 그동안 기업의 탐욕과 안전 불감증으로 무수한 인명이 손상됐다면서 이미 영국 등에서 시행되고 있는 기업살인법의 입법을 추진한다고 밝혔다. 만약 이 법이 통과되면 기업의 주의업무 소홀로 노동자가 숨질 경우 이를 범죄로 규정하고 정해진 액수 없이 벌금을 부과할 수 있게 된다. 지금까지는 사회적으로 지탄을 받으면 끝났지만 앞으로 형사책임까지 물을 테니 기업이 알아서 노동환경 개선에 대해 책임을 더 갖게 만들려는 것이다.[14]

오너와 기업인의 의사 결정이 사회와 경제에 지대한 영향을 준다는 점에서 오너 리스크는 오너 개인의 주의는 물론 일반인들도 관심을 가져야 한다.

반짝 스타가 될 것인가?

나산그룹, 거평그룹을 들어본 적이 있는가? 한때 재계 순위 30위 안에 드는 기업이었다. 그러나 결국 반짝 스타로 사라져 버렸다. 지금 화려한 조명을 받는 재벌 3세도 반짝 스타로 끝나지 않기 위해서는 쉽게 가는 길이 아닌 정도(正道)의 길을 걸어야 한다.

하림그룹 김홍국 회장의 성공 스토리를 듣다 보면 동화 속 이야기에 빠져드는 느낌을 받게 된다.

11살 때 외할머니께서 병아리 10마리를 선물로 사주셨다. 이 병아리들을 정성껏 키워 닭 10마리로 만들어 판 다음, 다시 병아리 100마리를 사들이는 식으로 사업을 일궜다. 김홍국 회장은 이리농고 3학년 때 이미 닭 4,000여 마리를 보유한 어엿한 사업가로 자리잡았는데 닭 키우는 재미에 빠져 18살 때 자본금 4000만 원으로 황등농장을 설립해 더 큰 성공을 기약했다. 그러나 닭값이 폭락하면서 엄청난 시련이 닥쳤다.

어린 나이였지만 빚쟁이에 쫓길 만큼 사업은 거덜 났고 숱한 어려움을 겪게 된다. 하는 수 없이 한 식품회사의 영업사원으로 취직한다. 그런데 김홍국 회장은 인생에서 다시 얻을 수 없는 귀중한 경험을 여기서 하게 된다. 단순하게 닭을 키워내는 것뿐 아니라 '삼장(농장, 공장, 시장)'을 통합해야 한다는 아이디어를 얻은 것이다. 그 아이디어를 사업 기회와 접목해보니 닭을 비롯한 농축산물을 직접 생산해 가공식품으로 만들어야 성공할 수 있다는 결론을 내렸다.

:: 병아리로 재벌이 되다 ::

어느 정도 자신감을 얻은 그는 1986년 다시 사업에 뛰어들었다. 물론 사업방식은 예전과 완전히 달랐다. 2년 동안 열심히 모은 돈으로 양계장을 인수한 그는 업계 최초로 병아리 위탁 사육 시스템을 시도했다. 위탁회사는 부지 매입과 인건비를 줄일 수 있었고 계약 농가는 시설재와 사료, 관련 부재료를 공급받을 수 있었다. 사업에 다시 탄력이 붙기 시작했다.

2015년 기준, 하림그룹의 전체 매출은 무려 7조 원이 넘었으며 명실상부한 국내 1위의 닭고기 전문업체다. NS홈쇼핑, 팜스코, 주원산오리 등의 계열사를 거느리고 있으며 1조 원을 들여 팬오션까지 인수하면서 9조 원이 넘는 자산 규모를 자랑하고 있다.

이러한 하림그룹의 성장에 대해 재계에서는 창업주인 김흥국 회장의 끊임없는 도전정신과 농축산물 생산, 가공, 유통으로 이뤄지는 사업 구조의 단순화가 이뤄낸 작품이라 말하고 있다. 또 다른 쪽에서 살펴보면 김흥국 회장 특유의 사업 운 역시 하림을 성장시키는 데 큰 힘이 된 것으로 판단된다.

1994년 지방 토착기업들은 민영방송의 허가권을 따기 위해 혈안이 된 적이 있었다. 지역을 대표하는 기업들은 너나없이 이 사업에 뛰어들었다. '황금알을 낳는 거위'로 인식돼 곳곳에서 잡음이 일었다. 당시 소통령으로 통하던 김영삼 전 대통령의 차남 김현철 씨가 이 과정에 깊숙이 관여하고 있다는 소문 때문에 정치권에서 이슈화되기도 했다. 이때 하림그룹도 전북지역의 민방 신청업자로 용감하게 도전장을 내밀었다. 민영방송사업과는 전혀 관련 없는 하림이 도전장을 내밀자 전북의 내로라하는 기업들은 모두 어리둥절한 표정을 지었다고 한다.

전북지역의 민영방송사업은 당시 대표적인 토착기업으로 꼽히던 세풍그룹이 운영하게 되었다. 그러나 예상과 달리 경영난이 점점 심해졌다.

만약 하림그룹이 그때 민영방송 허가를 받았다면 지금의 하림그룹으로 성장할 수 있었을까? 하림그룹과 김흥국 회장은 재계에서 사라졌을지도 모른다는 데 많은 사람이 입을 모은다.

한마디로 김흥국 회장은 사업과 관련해서는 천운을 타고 난 사람이라는 게 주위의 평이다.

:: 반짝 스타 아니면 100년 기업 ::

하림그룹의 빠른 성장에 대한 걱정의 목소리가 큰 것도 사실이다. 30대 그룹 반열에 올랐다가 몇 년을 버티지 못하고 몰락한 나산그룹, 거평그룹의 사례가 있기 때문이다. 거평그룹을 세운 나승렬 회장이나 나산그룹을 세운 안병균 회장도 입지전적인 인물로 한때 온갖 매스컴의 각광을 받으며 30대 그룹 오너로 반짝였지만 이내 사라졌다.

재벌 반열에 들어서면 주변의 견제와 내부 시스템 붕괴가 동시에 진행된다는 사실을 기억해야 한다. 중소기업일 때는 오너 혼자서 모든 것을 다 결정해도 됐지만 대기업 집단으로 한 단계 올라가면 시스템 경영으로 전환시켜야 한다. 즉, 내부 시스템은 중소기업 형태를 유지하고 총수 혼자서만 '재벌 놀음'에 열중하면 기업이 제대로 성장하지 못한다는 사실을 깨달아야 한다는 것이다.

많은 기업이 불굴의 노력으로 사세를 확장한다. 그리고 계열사를 만들고 일감 몰아주기를 통해 그룹이 되어 간다. 일감 몰아주기가 단기간에 사업을 확장하고 발전시키는 데 좋은 약이 될지 모르지만 우량기업으로 가는 정도(正道)의 길은 아니다.

쉽게 가기보다 멀리 가는 방법을 택하는 것, 그것이 재벌 3세를 포함한 지금 재벌들이 가야 할 길이다. '반짝 스타가 될 것인가?', '100년 기업으로 가는 인도자가 될 것인가?'에 대한 답은 오직 재벌 3세에게 있다.

갑의 자세를 버려라

기업이 커질수록 경영인의 역할과 책임은 더욱 커진다. 그러나 안타깝게도 커지는 기업 위상에 비례해 업무에서도, 실생활에서도 '갑'이 되어 군림하는 모습을 종종 본다.
경영인은 기업의 대표이자 기업의 얼굴이다. 그런 점에서 이제는 경영인 스스로가 기업의 이미지가 된다는 점을 각인해야 할 때다.

건강에 좋은 보행속도는 1초당 1.2미터를 걷는 것이다. 이 정도의 속도면 주변 사람들과 교감하는 것은 물론 곁을 지나는 새나 길가에 핀 꽃, 나무에게도 시선을 줄 수 있다. 자전거도 주변의 모습과 교감하기에 좋은 운동이다.

그런데 자동차는 다르다. 자동차는 고속주행을 하도록 만들어진 기계장치다. 80킬로미터 이상의 속도로만 달려도 차 밖에서 어떤 일이 벌어지는지 전혀 감지하지 못하게 된다. 꽃이나 나무는 고사하고 같은 사람마저 어떤 표정으로 움직이는지 전혀 감지하지 못하는 것이다.

일반인은 100만 원에 위기를 겪기도 하고 기쁨을 얻기도 하지만 뉴스에 나오는 재벌 3세들은 그 정도에는 별다른 감흥을 느끼지 못하는 것 같다. 그들의 빠른 속도감으로는 일반인들의 느린 걸음 걸이가 도무지 이해되지 않는 것이다.

:: 갑의 매뉴얼과 횡포 ::

정일선 현대비앤지스틸 사장의 이름을 기억하는 사람은 많지 않다. 그는 현대가 재벌 3세로 정주영 전 회장의 4남인 정몽우 전 현대알루미늄 회장의 아들이다. 그런 그가 세상에 등장한 이유가 결코 평범하지 않았다. 정일선 사장의 기사로 일했던 사람의 입을 통해 A4 100장이 넘는 '운전사용 매뉴얼'이 알려져 세상을 깜짝 놀라게 했기 때문이다.

그 매뉴얼에는 배드민턴 채를 주면 어떻게 받는다 등의 황당한 내용이 가득했다. 무엇보다 더 큰 문제는 폭력이었다. 맞는 것이 일상이었다는 기사도 있었다. 또한 모든 교통 법규를 무시하고 달릴 것을 지시했으며 과태료가 한 달에 500만 원이 나온 적도 있었다고 한다. 회사 측에서는 대표이사의 긴급한 이동이 필요할 때 안전이 확보된 상태에서 교통 위반을 감수하라는 내용이었다고 해명했다. 하지만 개운하지 않은 이 느낌은 무엇일까?

회사가 아닌 일상생활에서도 무조건 자신의 말을 따라야 하고 자신의 말이 법이라는 '갑'의 모습. 사실 지금까지 우리는 이런 갑을 너무나 많이 봤다.

:: 이런 '갑'을 기다린다 ::

재벌가 오너나 자제의 갑질로 문제가 발생하면 기업 홍보실이 더 커질 것을 막으려는 흑기사가 된다. 사실 재벌가와 관련한 사건이 벌어지면 바빠지는 것은 기업 홍보실과 관계자들이다. 그런데 이와는 반대로 폭행당한 직원을 위해 '갑'인 오너가 흑기사로 나선 경우도 있다. 중국 순펑택배의 왕웨이 회장이 그 주인공이다.

왕웨이 회장은 택배회사 직원으로 시작해 중국 4대 택배로 성장한 순펑택배를 세운 입지전적인 인물이다. 왕 회장은 '기업의 최대 자산은 직원'이라는 경영철학을 갖고 직원들에게 90도로 인사하는 모습 등으로 중국인들에게 많은 존경을 받고 있다. 평소 왕웨이 회장은 중국에서 '대륙 포스 회장님'이라고 불린다.

2016년 4월 중국의 한 온라인 사이트에 순펑택배 배달원의 삼륜차가 자신의 승용차 뒷부분을 긁자 중년 운전사가 뺨을 때린 장면이 올라왔다. 배달원이 즉시 사과를 했는데도 뺨을 때린 것이다.

이 사실을 안 왕웨이 회장은 사과를 했는데도 뺨을 때린 것은 문제라면서 가해자에게 책임을 묻겠다고 했다. 또한 폭행당한 직원은 정성을 다해 보살필 것이라는 약속까지 했다.[15]

경영과 관련된 경우가 아니어도 항상 갑으로 군림하려는 회장과 직원이 불의한 일을 당했을 때 가장 앞장서는 회장 중에 우리는 누구를 진정한 '갑'으로 여긴다고 보는가?

많은 이들로부터 깊은 존경을 받는 '갑'도 있다. 바로 스웨덴의 발렌베리 가문이다. 이 가문은 160년 동안 5대째 세습되어 내려온 스웨덴에서 가장 큰 기업군이기도 하다. 340조 원의 재산 가치를 갖고 있는 발렌베리 가문은 스웨덴 국민들의 무한한 존경과 사랑을 한 몸에 받고 있다. 그렇다면 발렌베리 가문은 어떻게 부와 명예를 동시에 갖게 되었을까?

〈명견만리〉 등의 방송 프로그램에 나온 내용을 바탕으로 정리해보면, 그 비밀은 발렌베리 가문이 재단을 운영할 뿐 소유하고 있지 않다는 사실에서 알 수 있다. 계열사들의 수익금은 재단으로 들어오도록 했다. 그러나 그중에서 재단에 재투자되는 것은 겨우 20%에 불과하며 80%는 각종 과학 연구나 교육을 위해 지출되도록 제도화를 시켜놓았다. 이런 제도를 안정적으로 운영하기 위해 발렌베리 기업과 재단은 모든 운영 과정을 한눈에 언제든지 확인할 수 있도록 준비해놓고 있다.

발렌베리 재단은 스웨덴 사회에 필요한 거의 모든 분야에 다양하게 기부하고 있으며 이것을 스웨덴어로 '랑스강넬릭트'라고 부른다. 번역하면 '스웨덴을 위한 향상'이라는 의미로 사회와 국가가 함께 잘살 수 있는 방법을 실천하는 것을 나타내고 있다. 이들의 노력은 스웨덴 상위 1%에 대한 고정관념과 거부감을 잠식시키며 돈과 명예를 한꺼번에 가질 수 있도록 해주고 있다. 이러한 모습이 우리가 기다리는 '갑', 마음으로부터 존경할 수 있는 '갑'이다.

대한민국의 재벌 3세들이 허울과 과시로 뒤섞인 갑의 자세를 버리고, 진정 국가와 국민으로부터 존경을 받았으면 한다.

전문 경영인이 답인가?

재벌 총수 한 명이 모든 계열사를 관리할 수는 없다. 그래서 전문 경영인을 내세우지만, 신규 투자나 전략 면에서는 오너보다 무게감이 떨어질 수밖에 없다. 또한 오너의 의견에 지나치게 의지한다는 것도 문제다. 그렇다면 어떻게 해야 할까? 전문 경영인 문제를 어떻게 풀어나갈지 재벌 3세들의 선택이 궁금하다.

전문 경영인은 전문성을 바탕으로 역량을 발휘한다는 장점이 있다. 반면 오너의 눈 밖에 나면 그 다음 날로 자리가 없어지는 한시적인 직장인에 불과하기도 하다. 또한 매출이 감소한다거나 기업에 문제가 생기면 이에 대한 책임을 지고 바로 자리에서 물러나야 한다. 그래서 임원이 되지 않기를 바라는 사람들도 있다. 급여나 대우가 좋은 것은 사실이지만 리스크가 많기 때문이다. 정년퇴직 시까지 만년 부장으로 자리를 보전한다는 우습지만 웃을 수 없는 이야기도 들린다.

:: 오너의 눈 밖에 나면 끝 ::

오너 앞에서 전문 경영인의 역할과 위상에는 한계가 있을 수밖에 없다. 실제로 한 창업주는 자신이 세운 기업의 전문 경영인을 '○○ 군'이라 불렀다고 한다. 전문 경영인의 직함이 사장이든, 부사장이든 상관없었다. 마치 손아래 사람을 부르듯이 '○○ 군'이라 부르며 매년 연말 정기인사에서 유임이냐 퇴임이냐를 기다리도록 만들었다.

이처럼 리스크도 많고, 무엇보다 오너의 의사에 따라 자리 유지가 가능하기 때문에 아무리 결정단계의 꼭대기에 있는 전문 경영인이라고 해도 신규 투자 등과 관련해서는 섣불리 결단을 내리기 힘든 한계를 갖고 있다.

하루하루 달라지는 기업 경영의 환경에서 경영자에게 필요한 것은 선제적인 판단과 빠른 추진력이다. 하지만 오너의 지시에 따라야 하는 전문 경영인에게 선제적인 판단과 빠른 추진력을 기대하기 어렵다. 누가 봐도 그렇지 않겠는가?

물론 오너의 눈치를 볼 것 없이 전권을 갖고 있는 전문 경영인이라고 해서 좋은 선례만 있는 것은 아니다. '이석채'와 '정준양'이라고 들어봤는가? 한때 국내 최대의 공기업 성격인 KT그룹과 포스코그룹을 이끌던 회장이었다.

KT그룹과 포스코그룹은 통신과 철강이라는 기간 산업군을 형성하고 있다. 공교롭게도 이 두 그룹을 각각 이끌었던 수장들이 검찰 조사를 받고 있거나 법원의 심판대에 있다. 이석채 전 KT 회장은 1심에서 무죄를 선고받았지만 2심에서는 일부 횡령 혐의를 유죄로 인정받아 징역 1년 6개월에 집행유예 2년을 선고받았다. 정준양 전 포스코 회장은 검찰에 여러 번 불려나갔다.

KT와 포스코는 자산이나 매출, 계열사 규모에서 국내 10대 그룹에 버금가는 위상을 갖고 있다. 재계에서 차지하는 비중 역시 웬만한 재벌 총수 못지않은 지위를 누린다. 그러나 두 그룹의 회장은 정권이 바뀔 때마다 검찰에 불려가는 수모를 겪는다. 전문 경영인의 한계 때문이었을까?

오너는 장기적인 안목을 갖고 투자하거나 인재를 고른다. 또한 회사에 '누(累)가 되느냐, 안 되느냐'에 따라 철저한 능력 위주의 인사를 한다. 그러나 위임받은 권력자인 전문 경영인은 자기 사람이냐, 아니냐를 인사 기준으로 삼는다. 임기 동안 '황제'와 같은 지위를 누리다 떠나버리면 그만이다. 그래서 망가진 공기업이 한둘이 아니다. 말썽이 난 대우조선해양이 대표적인 예다.

:: 오너마저 당황하게 만든 전문 경영인의 실험 ::

반면 전문 경영인이 오너를 당황하게 할 수도 있다. 오너의 뜻과는 다르게 경영하는 것이다. 주진형 한화투자증권 전 사장은 전문 경영인의 역량과 열정을 최대한 보이는 바람에 한화그룹에 적지 않은 고민과 의문을 안겨준 사람이다(현재는 대표직에서 물러나 더불어민주당의 국민경제상황실 부실장을 맡고 있다).

주진형 전 사장은 일명 '미스터 쓴소리'로도 유명한데 사회 및 경제문제와 관련해 전혀 다른 사람의 눈치를 보지 않고 이야기하거나 SNS에 올렸다. 문제는 이러한 주진형 전 사장의 행동에 심한 호불호가 갈린다는 것이다.

주진형 전 사장은 취임과 동시에 온갖 화제를 불러일으키며 회사 내에 폭풍을 몰고 왔다. 취임 초기에 무려 350명의 직원을 내보내는 대규모 구조조정을 실시했다. 내부에서 남은 직원들의 사기 저하를 걱정하자 "내가 왜 여러분에게 동기부여를 해줘야 하느냐? 나는 여러분을 낳지 않았다"라며 직원들을 긴장 속으로 더 몰아넣기도 했다.

그의 거침없는 행보는 각종 매스컴에 오르내리며 생각지 못했던 이슈를 만들기도 했다. 가장 큰 구설수는 전국의 한화투자증권 지점장들이 서울 여의도 본사에 모여 주진형 전 사장의 정책에 반대한다는 피켓시위를 벌인 것이다. 상명하복의 질서가 굳건한 한화그룹 계열사에서 사장의 방침에 직원들이 이의를 제기하는 것은 상상도 못할 일이었다.

이런 분란은 무엇보다 한화그룹의 김승연 회장을 곤란하게 만들었다. 김승연 회장은 그룹 내에서 절대적인 위치를 차지하고 있는 오너다. 20대 후반에 총수자리에 오른 이후 지금까지 경영하고 있기 때문에 계열사 사정을 전문 경영인보다 더 세세하게 파악하고 있다. 또한 전문 경영인들이 편하게 일할 수 있도록 입지를 넓혀주는 것으로도 유명하다. 이 덕분에 1994년 형제간 분쟁이 한창일 때도 한화그룹을 거쳐 간 경영인들 대부분이 김승연 회장 편을 들어 그룹이 흔들리지 않을 정도였다. 김승연 회장이 몇 차례 검찰에 불려 다니는 바람에 오너 리스크가 발생했을 때도 전문 경영인들이 잘 대처해 위기를 넘기곤 했다. 그러니 이번에 주진형 전 사장이 벌인 행동과 연관된 사건은 천하의 김승연 회장마저 당혹스럽게 만들고 말았다.

가장 문제가 된 것은 그가 도입한 '과당 매매 제한'과 '매도 리포트 확대'였다. '과당 매매 제한'이란 쉽게 말해 주식 매매 회전율이 일정 수준을 넘어가면 이에 대한 지점의 수익을 인정하지 않는 제도다. 그동안 테마주처럼 주가 변동이 심한 종목에 자주 거래하도록 권하는 바람에 고객들은 수익을 별로 내지 못하고 증권사만 거래 수수료로 배를 불린다는 비판에 대한 개선책이었다.

'매도 리포트 확대'는 증권사 리서치센터에서 매도를 권하는 보고서를 많이 쓰도록 한 지시였다. 주가 하락이 예상되면 증권사들은 고객에게 도움이 되도록 해당 주식을 매도하도록 권하지만 그렇다고 매도 리포트는 거의 내놓지 않고 있다. 매도 리포트를 내면 해당 회사나 주주들의 항의가 발생하기 때문이다. 그러나 증권사

고객 입장에서는 정보의 불균형으로 인해 결국 손해를 볼 가능성이 높아 그동안 논란의 대상이었다.

이뿐 아니라 내부 경영에서도 여러 가지 개혁안을 도입했다. 연공 서열제와 상대 평가 등급제를 폐지하고 직무별 연봉제를 도입, 근속 연수가 아닌 직무 성과에 따라 임금이 결정되도록 했다. 또 리서치센터에 언론사와 같은 편집국 시스템을 도입하도록 하고 기자 출신의 편집위원을 영입해 애널리스트 보고서를 감수하도록 함으로써 화제가 된 일도 있었다.

그러나 이런 긍정적인 평가에도 불구하고 주진형 전 사장은 잦은 설화(舌禍)와 사내 갈등으로 많은 문제를 일으켰다. 사장으로 재직하는 동안 SNS에 자신의 비판적인 생각을 거의 매일 거침없이 표현했다.

그러던 중에 2015년 8월 고용노동부 장관을 공개적으로 비판하는 내용의 글을 올려 적지 않은 파장을 일으켰다. "수십억 원을 받는 CEO들의 연봉을 깎아 청년 채용을 늘려야 한다"는 장관의 발언에 대해 "너무도 어처구니없는 발상과 억지 주장이다. 거의 감탄이 나올 정도다. 저런 분이 노동 개혁을 담당하고 있다니…. 노동부에서만 일생을 보내서 저렇게 생각하게 된 것인가?"라며 강하게 비판했다.

주진형 전 사장의 이러한 파격 행보는 결국 대표이사 경질이라는 초강수를 불러 왔다. 어쩌면 '전문 경영인이 오너의 뜻에 반기를 들고 자신만의 경영을 할 수 있을 것인가?'에 대한 해답을 주진형 전 사장이 보여줬다고 할 수 있다. 역시 전문 경영인은 한계가 분명히 있다.

국민의 시선으로 위기에 대처하라

지금 우리나라에는 그룹을 바라보는 2가지 시각이 공존하고 있다. 하나는 우리나라 경제 발전을 이끈다는 시각이고, 또 하나는 그 과정에서 편법과 비리에다 특혜 등을 받고 있다는 시각이다.
극과 극으로 다른 이 시선을 교정할 방법은 무엇인지 생각해본다.

회장이 불미스런 일을 저질러 법적으로 문제가 생기면 가장 먼저 호화 변호인단을 구성한다. 대형 로펌에 속한 수십 명의 변호인단이 회장을 보호하는 데 앞장선다. 그리고 기업 홍보실은 회장의 건강이 좋지 않다는 사실을 언론에 흘린다.

며칠 후 검찰에 출석할 때는 휠체어에 탄 회장과 그 옆에 서 있는 변호인단이 세트처럼 구성되어 나타난다. 변호인단은 회장이 부재할 경우 국가 경제에 위기가 초래한다는 것과 건강에 문제가 있으니 참작해달라며 어떻게든 형을 줄이려고 안간힘을 쓴다.

로비를 통해 형사 처벌을 피하려는 움직임도 있다. 네이처리퍼

블릭 정운호 대표 사건만 봐도 구명 로비를 통해 무죄 판결을 받으려는 움직임이 조직적으로 진행된 것을 알 수 있다. 까도 까도 껍질이 나오는 양파껍질처럼 문제가 점점 불거지더니 급기야 '정운호 게이트'라고 불릴 정도로 많은 문제가 뒤섞여 있는 것이 확인되었다.

어느 기업이든 위기에 처할 수 있다. 경영 과정에서의 실책, 임직원의 과실, 오너의 잘못된 행동 등 위기에 처할 경우의 수는 많다. 문제는 위기에 대처하는 자세다.

기업에 문제가 생겨 위기에 처할 때 앞에서 말한 것처럼 변호인단을 구성하고 칭병을 핑계로 무마하려고 한다면 결코 좋은 태도가 아니다. 술수를 통해 문제를 해결할 수는 있겠지만 국민들은 해당 기업이 그랬다는 사실을 알고 기억한다. 위기를 어떻게 처리하는가에 따라 기업이 '바람 앞에 서 있는 촛불이 되느냐', '위기를 기회로 한 단계 더 성숙하느냐'로 나뉜다.

옥시사태는 기업이 위기에 처했을 때 어떤 위험이 생기는가에 대해 보여주는 사례다. 가습기 살균제로 인해 사망 인원만 143명에 달하는 이 사건은 사실 여기까지 오지 않을 수도 있는 사고였다. 많은 사람이 옥시사태에 대해 분노하는 이유가 바로 여기에서 출발한다.

이 사건이 처음 수면 위로 떠오르기 시작한 것은 2011년 봄부터 원인을 알 수 없는 폐질환 환자들이 잇따라 대형 병원을 찾기 시작하면서였다. 폐질환으로 인해 임산부와 어린이들이 잇따라 목숨을 잃었으나 치료 방법은커녕 원인조차 찾지 못해 더욱 애를 태워야 했다. 이후 보건 당국에서 가습기에 넣는 살균제를 위험요인으로 지목했다. 그러자 가습기 살균제를 사용할 경우 미확인 급성 폐질환에 걸릴 위험이 47배 이상 높아진다는 뉴스가 연이어 나왔다.

하지만 이후에도 관련 제품의 판매는 계속되었으며 피해자들의 사망에도 불구하고 옥시는 사고 수습과 대처에 미온적인 모습을 보였다. 하물며 제대로 된 사과조차 하지 않아 국민들의 공분을 샀다.

얼마 전, 이 사건으로 검찰에 소환된 신현우 전 대표의 처신은 국민들의 공분에 기름을 부었다. 문제가 된 옥시제품은 2001년에 출시되었는데 이때 최고 경영자가 바로 신현우 전 대표였다.

하지만 신현우 전 대표는 가습기 살균제 문제가 수면 위로 떠오르기 시작할 때부터 시종일관 침묵으로 일관했다. 그는 검찰 소환 때 취재진들의 질문이 잇따르자 진심으로 죄송하다는 사과 한마디만 남겼다. 그런데 뒤이어 나온 이야기는 사람들의 귀를 의심하게 만들었다. 사과를 하고 검찰청사의 엘리베이터에 타자마자 변호사에게 "내 연기 어땠어요?"라는 말을 했다는 사실이 공개됐기 때문이다. 취재진의 질문과 피해자들의 항의 앞에서 온몸을 떨던 사람이 뒤돌아서 "내 연기 어땠어요?"라고 말한 것이다.

이 사실이 알려지면서 옥시사태에 대한 분노는 극에 치달았다. 옥시 제품 불매 운동은 확대되었고, 결국 대형 마트에서 옥시 제품은 퇴출되었다. 옥시 제품에 대한 소비자들의 반감은 거의 회복되지 않을 정도에 이르렀다. 신현우 전 대표 측은 '연기'가 아니라 '얘기'라고 해명했지만 이미 불을 끌 수 없는 상태가 되었다.

동서식품의 이광복 대표도 위기를 쉽게 수습하려다 꼬인 경우다. 동서식품의 시리얼은 아침 대용식으로 크게 인기를 얻고 있다. 그런데 동서식품 내부 제보자를 통해 〈SBS 8 뉴스〉가 보도한 내용은 참담함을 넘어 참혹할 정도였다.

시리얼을 출고시키기 전에 품질 검사를 실시하는 데 대장균이나 곰팡이 등에 오염된 제품이 나오면 폐기시키는 것이 아니라 다시 생산라인에 보내 살균한 뒤 재가공해서 판매했다는 것이다. 이를 위해 포장까지 완료된 판매 직전의 제품을 해체하는데 이것을 '해체작업'이라고 불렀다.

직원들은 제품이 생산되면 제품의 맛을 보지만 해체작업이 진행되는 날에는 "오늘은 먹지 마. 그거 한 날이야"라고 하면서 서로 주의했다.

이 사실이 알려진 후 이광복 대표는 검찰 조사에서 해체작업을 '관행적으로 해오던 일'이라고 말했다. 그리고 대장균에 오염된 시리얼을 폐기할 경우 그 양이 너무 많아서 기업 운영에 어려움이 많으며 대장균은 일상생활 곳곳에서 흔하게 발견되는 균이고 높은 열에서 재가열 시키기 때문에 인체에 별다른 해가 없다고 강변했다.

1심 재판에서 이 사건은 무죄 판결이 나왔다. 하지만 문제의식 없이 파는 기업에 대해 소비자들까지 과연 무죄 판결을 내릴지는 모르겠다.

:: 위기는 기업의 논리로 풀지 마라 ::

이와는 반대로 위기의 순간 경영인이 올바르게 대처해 문제를 확대시키지 않은 경우도 있다.

2014년 2월 17일, 경주시 양남면에 위치한 마우나오션리조트가 폭설로 인해 지붕이 무너지는 사건이 발생했다. 환영회와 오리엔테이션을 개최하고 있던 부산외대 신입생과 이벤트 회사 직원 등 총 10명이 사망하고 100여 명이 부상을 입었다.

사고가 나자 마우나오션리조트를 운영하는 코오롱그룹의 이웅열 회장은 현장을 찾아가 대학생과 유가족에게 머리 숙여 사과했다. 사건을 회피하거나 변명을 늘어놓지 않고 즉시 현장을 찾아 문제를 확인하고 피해자들에게 정중히 사과함으로써 회사에 닥쳐올 더 큰 피해를 막은 것이다. 이웅열 회장은 현장을 방문한 자리에서 "이번 사고로 고귀한 생명을 잃은 고인들의 명복을 비는 동시에 부상자와 가족들에게 엎드려 사죄하며 부상자들의 빠른 쾌유를 위해 모든 지원을 아끼지 않겠다"라고 약속해 피해자들의 마음을 다소나마 풀어줬다.

메르스 사태 당시 이재용 부회장이 직접 나서서 사과 발표를 한 것도 기업이 위기에 대처하는 올바른 자세를 보여준 것이다. 보통 회장들은 문제가 생기면 전문 경영인을 대신 내보낸다. 그래서 메르스 환자가 발생한 삼성서울병원도 병원 관계자가 나와 대국민 사과문을 발표할 것이라고 예상했다. 이재용 부회장이 직접 발표할 것이라고 예상한 사람은 거의 없었다.

이재용 부회장의 사과문 발표는 재벌가의 행보 중 극히 이례적인 일이었다. 이재용 부회장의 이런 진정성 있는 결단과 수습 의지는 삼성서울병원의 메르스 감염 확산에 대한 국민적 반감을 감소시킬 수 있었다.

위기에 처했을 때 경영인의 빠른 상황 판단과 올바른 대처는 기업이 더 큰 위험에 빠지는 것을 막는 안전핀이 된다. 사실 위기가 닥치면 검은 손을 통해 위기를 수습하는 것이 쉬운 방법일 수 있다. 실제로도 위기 상황이 발생하면 많은 기업이 이런 유혹에 넘어가 검은 손을 빌린다.

검은 손이 빠른 길일 수는 있으나 그것은 국민적인 신뢰를 잃는 지름길이라는 사실을 명심해야 한다. 기업의 입장에서 불신은 바로 매출 감소로 이어지므로 이 문제는 결코 허투루 넘길 사항이 아니다.

특히 요즘처럼 SNS가 발달된 상황에서는 불과 몇 시간이면 정보가 전국적으로 퍼지기 때문에 검은 손을 활용해 사건·사고를 무마하는 데에는 한계가 있다. 호미로 막을 일을 가래로 막는 우(愚)를 범하지 말아야 한다. SNS 세상에서 기업은 법정 밖에서 심판받는다는 말을 기억해야 할 때가 되었다.

노블레스 오블리주를 실천하라

사회적으로 높은 위치에 있는 사람이 물질적이든 정신적이든 모범이 되는 일을 하는 것은 거창하게 생각할 필요 없이 국가와 사회에 예의를 다하는 모습이다. 그러나 우리 사회의 높은 위치에 있는 사람들이 그러한가를 묻는다면 명확한 답을 내놓지는 못 하겠다.

사회적인 책임을 갖고 있는 사람들에 대한 '노블레스 오블리주(noblesse oblige)'의 기대감이 높아지고 있다.

노블레스 오블리주는 프랑스어로 '고귀한 신분(귀족)'이라는 노블레스와 '책임이 있다'라는 오블리주가 결합된 말이다. 이 말은 1808년 프랑스 정치가인 가스통 피에르 마르크가 처음 사용한 것으로 '높은 사회적 신분에 상응하는 도덕적 의무'를 뜻하기도 한다.

근래 들어 노블레스 오블리주로 가장 많은 칭송을 받는 국가는 영국, 그것도 영국 왕실이다. 영국은 2차 대전 당시 귀족의 3분의 2가 전선에 나가 독일군과 싸우다 전사했다. 영국 상류층 자제들

만 다닌다는 이튼스쿨의 한 학급 출신 전원이 사망했다는 이야기
가 전설처럼 내려오곤 한다.

1982년 4월 영국은 포클랜드의 영유권 분쟁으로 갈등을 겪던
아르헨티나와 전쟁에 돌입하게 된다. 전쟁이 막 시작된 시기에는
침공한 아르헨티나가 유리한 고지에 서는 듯 했다. 1만 명에 달하
는 아르헨티나 군대는 선제공격을 통해 포클랜드제도에 주둔하고
있던 영국의 해양 수비대를 굴복시켰으며 보유하고 있던 미사일
을 이용해 영국군을 계속 괴롭혔다.

미사일을 제거하기 위해서는 전파 교란에 장애가 없는 헬기를 타
고 아르헨티나 군대의 진지를 직접 공격해야만 했다. 그러나 헬기
는 미사일에 명중될 확률이 높아 매우 위험했다. 이때 작전에 참가
한 영국군 헬기 조종사 중 한 명이 영국 왕실의 에드워드 왕자였다.
이것이 바로 영국인들이 큰 자부심과 긍지를 갖는 노블레스 오블리
주의 모습이다.

:: 그 600억, 내가 주겠소 ::

우리나라 역시 노블레스 오블리주를 실천하려는 작지만 뚜렷한
행동이 많아지고 있다. 삼영화학그룹을 세운 이종환 명예회장은
주변 사람들에게 '자장면 회장'이라 불린다. 점심으로는 매일 자장
면을 먹고 특식이라고 해봐야 삼계탕이 전부다. 그러나 1958년 삼

영화학공업으로 시작해 현재 10개 계열사를 거느리고 있는 삼영화학그룹의 창업자이며 2002년에는 사재 3000억 원을 출연해 관정이종환교육재단을 세워서 장학사업을 펼치고 있는 교육 후원가이기도 하다. 관정(冠廷)은 이종환 명예회장의 아호다.

이종환 명예회장과 〈조선일보〉와의 인터뷰에 따르면, 지금까지 이종환 명예회장은 '기업이나 살림은 재산이 아니라 사람이 키운다'라는 철학을 가지고 사회 환원과 인재 육성을 위해 많은 힘을 기울여 왔다. 현재 그가 재단에 출연한 재산만 8000억 원에 달하며 지난 10년간 재단이 지급한 장학금 규모는 무려 840억 원이나 된다.

2012년 봄, 이종환 명예회장이 서울대 학생들에게 10년간 꾸준히 장학금을 준 것에 대한 감사패를 전하고자 서울대 총장 등이 방문했다. 감사패를 전달하고 이야기를 나누던 중 서울대학교 중앙도서관 신축사업에 600억 원이 드는데 기부자를 만나지 못해 어렵다는 말이 나왔다. 그 말을 들은 이종환 명예회장은 도서관에 대한 계획 등을 물어본 후에 다음과 같이 말했다.

"그 600억, 내가 주겠소."

이종환 명예회장의 뜻 깊은 600억 원의 기부와 서울대 교직원, 동문, 학생들의 기부액 90억 원이 모아져 새롭게 건립된 서울대학교 중앙도서관은 '관정도서관'이라 명명됐다.

이종환 명예회장은 가난하다고 해서 무조건 장학금을 지급하지 않는다. 그가 원하는 기준은 빌 게이츠 같은 미래의 가능성을 가진 인물이다. 그래서 주위 사람들이 아무리 사정이 딱한 학생이라고 간청해도 자격 기준에 미달하면 절대 장학생으로 뽑지 않으며 법대나 의대 같은 실용학문보다 기초과학 분야의 세계 1등 인재를 키우는 것을 목표로 하고 있다. 그래서 그는 재단으로 자신을 찾아오는 학생들에게 "자네가 노벨상 수상자로 결정됐다는 말을 듣고 싶다"라는 말을 자주 한다.

스스로 소문난 고집불통이라고 말하는 이종환 명예회장은 한번 들어선 이 길을 끝까지 갈 것이라면서 한국 기업인의 대표적인 노블레스 오블리주의 모습을 보여주고 있다.

:: 작지만 중요한 노블레스 오블리주의 시작 ::

기업 경영에만 뜻을 두지 않는 3세가 요즘 많아지고 있다. 비록 다른 사람의 눈에 띄지 않아도 자신이 하고 싶은 일을 찾고자 재벌 3세라 믿겨지지 않을 정도로 뜻있는 인생을 살아가는 것이다. 자신이 가지고 있던 기득권과 부를 내려놓고 의미 있는 삶을 찾아 이를 실천하는 것 역시 노블레스 오블리주가 아닐까? 그런 의미에서 본다면 쌍용건설 김석준 회장의 아들 김지운 씨도 이런 사람 중 한 명이다.

이제는 주변에서 그를 셰프라고 부른다. 그는 이태리식 실내 포차 '쿠촐로'와 이태리 가정 요릿집 '마렘마'를 운영하고 있는 오너 셰프이기 때문이다. 두 가게 모두 예약해도 한 달을 기다려야 할 만큼 인기가 좋다. 다른 재벌가 자제들은 아버지의 힘을 등에 업고 골목상권을 파고들며 외식 경영사업에 나서고 있지만, 김지운 셰프는 골목의 상인들과 어깨를 맞댄 채 직접 요리하며 가게를 운영하고 있다.

그에게서는 재벌 3세에게 나타나는 흔한 거드름이 없다. 손님들 앞에서 항상 미소를 지으며 공손함을 잃지 않는다. 한 매체와의 인터뷰 내용에 따르면, 아버지인 김석준 회장에게 차용증을 써서 빌린 최소한의 자금으로 수백 군데도 넘게 발품을 팔아 얻은 곳이 현재 가게 자리라고 한다. 아버지에게 투자가 아닌 차용증을 쓰고 빌린 돈이어서 지금도 시중금리에 해당하는 이자를 내고 있다. 그래도 첫 번째 가게에서 번 돈과 투자받은 돈을 합쳐서 7개월 만에 2호점인 마렘마를 낼 정도로 가게 운영에 성공했다는 평가를 받고 있다.

아버지 김석준 회장의 인맥을 활용했다면 최소한 작은 사업체 하나 정도는 어렵지 않게 운영할 수 있었을 것이다. 그런데 김지운 셰프는 어쩌면 당연한 그 길을 걷지 않았다.

SK그룹 최태원 회장의 딸 최민정 중위 역시 다른 재벌가 자제와는 다른 행보를 보이고 있다. 남자들도 가기 싫어서 할 수만 있다면 어떻게든 피하려고 애쓰는 군대를 자진해서 입대했다. 그것도 후방부대가 아닌 전투장교로 지원했다.

최민정 중위가 해군에 입대할 당시 나이는 23세로 중국의 베이징 대학교 경영학과를 우수한 성적으로 졸업하고 한국으로 돌아온 뒤였다. 부유한 재벌 집안에서 태어났으니 편하게 하고 싶은 공부나 열심히 하면서 자랐을 것으로 생각하기 쉽지만 그녀는 고등학교 때부터 방학만 되면 편의점 아르바이트로 돈을 벌었고 유학시절에는 한국 유학생들을 상대로 입시 강사를 하면서 직접 학비를 벌었다고 한다.

면접관이 왜 해군에 지원했는지를 묻자 "영국의 탐험가 섀클턴의 리더십과 도전 정신을 본받고 싶어서"라고 대답했다. 섀클턴은 1914년 27명의 승무원과 함께 인듀어런스 호를 타고 남극 탐험에 나섰다가 그만 배가 얼음구덩이에 갇히는 바람에 무려 2년 넘게 얼음 위에서 생활하게 됐다. 그러나 섀클턴은 단 한 명의 낙오자도 없이 모든 부하들을 살려냈다. 최민정 중위는 재벌 3세답지 않게 극한의 위기를 극복할 수 있는 리더십을 해군에서 배우고 싶다고 말해 학사장교로 입대하였다.[16]

그녀는 청해부대에 배속되어 아덴만 해역에서 6개월간의 파병 임무를 마쳤으며 현재는 북방한계선을 담당하는 2함대에서 통신관 임무를 수행하고 있다.

금수저, 흙수저 등 우리나라에 보이지 않는 계급 논쟁이 한창이다. 이런 상황에서 금수저로 태어났는데도 기존 금수저의 삶과는 다르게 걷는 모습이 설령 작아 보여도 의미 있는 노블레스 오블리주의 사례라고 생각된다.

5장

우리는 어떻게
지켜봐야 하는가?

　대부분의 그룹이 2세에서 3세로 승계를 어느 정도 진행했다
고 파악된다. 이미 재벌 3세의 경영시대가 도래했다고 봐도 될
정도다.
　그렇다면 지금, 우리는 재벌 3세의 시대를 어떻게 봐야 하는
가? 우리 사회는 이들에게 어떤 의무와 책임을 부여할 것인지
생각해본다.

재벌에게 변화를 요구해야 한다

재벌이 2세, 3세로 경영권을 승계할 수 있는 이유는 기업이 재벌의 소유이기 때문이다. 그런데 여기서 궁금증이 생긴다. 재벌의 자산은 개인의 자산인가? 사회의 자산인가?
재벌의 과실을 오로지 재벌이 독식하는 것이 맞느냐는 질문이다.

재벌이 성장하기까지 국가의 도움을 부정할 수 없다. 재벌이 지금처럼 성장한 데에는 한국전쟁의 상처 속에서 국가 재건을 위해, 산업화시대에 국가 경제 발전을 위해 일감 몰아주기를 한 효과를 누렸다. 세금 감면 혜택도 있었다. 1960~1970년대 수출 진흥정책을 확대시키고자 수출품을 만들기 위해 들여오는 수입 원자재나 중간재에 대해서는 관세를 감면해줬으며 수출을 위해 공장을 짓겠다면 정부가 직접 자금을 융자해줬다. 이뿐만 아니라 기업 자금 대출도 수출 총액에 비례해 분배하는 방식을 선택했다. 즉, 수출을 많이 하는 기업에게 자금 대출도 많이 해주는 방법을 선택한 것이다. 결과적으로 우리나라 9개 재벌기업이 전체 금융기관 대출액의 40%를 차지할 정도로 특혜를 입었다.[17] 그러므로 기업의 자금은 엄밀히 말해 국민의 세금이므로 재벌의 성장에는 국민의 도움 역시 한몫을 했다고 볼 수 있다.

안타깝게도 성장할 때는 국민의 도움으로 성장을 해놓고, 성장의 과실은 오로지 재벌의 몫이 되었다. 재벌은 이렇게 쌓여진 부를 바탕으로 계열사를 늘려 나갔고 늘어난 계열사에 일감 몰아주기 식의 내부 거래를 통해 더욱 큰 부를 거머쥐었다. 그렇게 채워진 부의 주머니는 또다시 재벌만의 몫이 되었다.

과실을 챙기다가도 문제가 생기면 정부에 도움을 요청한다. 당연히 세금이 들어가니 국민에게 손을 내민 것과 같다. 외환위기로 경영에 문제가 생기자 기업이 망하면 나라가 망할 것처럼 위기론이 대두되었다. 결국 공적자금이 투입되어 급한 불을 껐다. 기업들은 어느 정도 회생했지만 국민의 세금으로 투입된 공적자금이 100% 환수되었다는 말은 어디에서도 들어본 적이 없다.

공적자금이 투입된 이후에도 그에 따른 책임을 지지 않는 경우가 많다. 최근 부실 경영과 분식회계 등으로 말썽을 빚고 있는 대우조선해양의 사례가 그렇다.

얼마 전, 대우조선해양이 부실해지자 4조 2000억 원의 공적자금을 투입하겠다는 발표가 있었다. 대우조선해양이 힘없이 무너지면 정규 직원 1만 3,000명과 수를 헤아릴 수 없이 많은 협력업체 직원, 그리고 이들과 밀접을 관련을 맺고 살았던 지역 경제가 돌이킬 수 없는 파탄에 내몰린다는 점에서 정부의 결정이 수긍이 되기도 한다. 또한 채권단의 말처럼 대우조선해양이 국가 기밀사항인 방산기술을 보유하고 있기 때문에 기밀사항의 유출을 막기 위해서라도 공적자금이 투입되어야 한다는 것도 이해가 된다.

그러나 문제는 대우조선해양의 공적자금 투입이 이번만이 아니라는 데 있다. 대우조선해양은 1973년 국영기업 대한조선공사가 건설하던 옥포조선소가 유동성 위기를 겪자 대우그룹이 인수하면서 오늘에 이르게 됐다. 당시 대우조선해양은 정부의 중화학공업 육성책에 힘입어 엄청난 지원을 받은 결과, 세계 1위의 조선소로 성장할 수 있었지만 2000년 12월 대우그룹이 해체되면서 사실상 국영기업으로 기업 활동을 지속해왔다. 이때도 대우조선은 2조 9000억 원이라는 엄청난 자금을 지원받았다. 지금까지 대우조선해양에 투입된 공적자금은 무려 10조 원이 넘는다.

:: 일자리 창출을 위한 적극적인 투자는? ::

이처럼 정책적으로 기업을 성장시키거나 (기업이 위기에 처하면) 도움을 주는 이유는 기업의 발전이 국가 경제에 큰 영향을 준다고 생각하기 때문이다. 재벌이 튼실하게 자리를 잡고 기업 여건을 유지해야 나라의 경제력도 살리고 신규 투자나 일자리 창출 등의 낙

수효과를 기대할 수 있다. 즉, 기업의 파이가 커지면 커진 파이만큼 많은 사람들이 그 파이를 나눠 가질 수 있으리라고 기대하는 것이다. 그러나 과연 그럴까?

정부에서는 기업의 부담을 덜어주고 기업의 투자를 늘리기 위해 법인세 인하를 실시했다. 그러나 정부의 기대와 달리 기업들은 법인세 인하 효과를 고용 및 설비 등에 투입하지 않고 사내 유보금이라는 이름으로 적립해놓기 시작했다. 명목은 기업의 안정적인 유지를 위해 유동자금을 최대한 확보해둔다는 것이었다. 그러나 문제는 우리나라 30대 재벌의 사내 유보금이 무려 700조 원이나 된다는 데 있다. 앞으로 이 사내 유보금은 계속 증가할 것이 뻔하다.

1980년대 우리나라 기업들의 법인세는 보통 30~40%에 달했다. 이렇게 높던 법인세가 김영삼 정부 때 28%, 노무현 정부 때 25%, 이명박 정부 때 22%로 내려가 지금에 이르고 있다. 문제는 기업들의 투자나 연구 개발비 등이 비과세나 감면대상으로 적용되는 경우가 많아 실제 납부액은 더 줄어든다는 것이다. 국세청이 밝힌 바에 따르면, 2014년 우리나라 10대 기업이 이런 감면정책을 이용해 납부한 법인세는 매출액 대비 겨우 2~4%에 불과한 것으로 조사됐다.[18]

물론 기업을 비롯한 재계에서는 법인세를 단순히 숫자로만 예단해서는 안 된다고 말한다. 이미 정부에서 투자나 고용 창출에 힘쓴 기업들을 대상으로 실시해주던 세액 공제나 감면 비율을 매년 축소하고 있기 때문에 혜택이 많지 않다고 주장한다.

하지만 어떤 설명을 한다고 해도 사내 유보금이 지나치게 많다는 것은 사실이다. 일자리 부족이나 빈익빈 부익부 등 사회문제가 갈수록 심각해지는 지금, 이런 사회문제는 외면하고 제 곳간만 채우는 것은 올바른 행동이 아니다. 국민은 신규 투자나 일자리 창출 등의 새로운 먹거리를 만들어 내고, 이를 통해 국가 경제에 활력이 생기는 것을 원한다. 그러나 기업에서는 이러한 사회적 책임 대신 눈에 보이는 사회 공헌 활동만 하며 책임 추궁을 피하려는 것은 아닌지 생각해보길 바란다.

:: 여전히 애국심에 호소하다 ::

이런 사회적인 책임은 뒤로 한 채 자신들이 필요할 때는 기업 경영에 문제가 생길 것처럼 위기론을 들먹이는 모습은 지금도 변함이 없어 보인다.

2015년 6월, 국내 기업에서 보기 드문 사건이 벌어져 이목을 끌었다. 바로 삼성물산과 미국의 헤지펀드 엘리엇 사이에 소송전이 벌어진 것이다. 이 사건의 시초는 삼성물산과 제일모직의 인수합병 시도에 대해 엘리엇을 중심으로 한 주주들이 분명한 반대 의사를 밝히면서 벌어졌다. 일반적으로 엘리엇과 같은 헤지펀드는 도덕성과 관계없이 이익만 추구하는 집단이라는 생각이 강하기 때문에 부정적인 인식이 큰 편이다. 그런데 소송에서 엘리엇이 내세운 명분은 삼성그룹이 경영권 승계를 목적으로 편법적인 절차를 통해 합병을 시도한다는 것이었다. 그 시도를 제지하겠다고 하자 오히려 엘리엇 측이 좀 더 공감을 얻는 분위기였다.

엘리엇은 삼성물산과 제일모직의 합병은 삼성그룹의 경영권 승계가 목적이라고 주장했다. 삼성물산 1주당 제일모직 0.35주로 교환하면 제일모직에 대한 이재용 부회장의 지분은 16.5% 줄어든다. 하지만 삼성전자 지분 4.1%를 삼성물산이 확보하고 있기 때문에 합병이 이뤄지면 이재용 부회장은 삼성물산에 대한 지분 강화를 통해 삼성전자에도 큰 영향력을 행사할 수 있게 된다. 그런데 엘리엇이 5%의 지분을 취득하고 경영 참여 목적을 밝히자 순식간에 엘리엇은 탐욕스러운 기업으로 변했다. 즉, 시세 차익을 챙긴 후 먹튀할 것이라는 언론의 기사가 사람들의 마음을 움직인 것이다. 결론적으로 삼성그룹은 최대 우호지분 중 하나인 국민연금의 지지를 이끌어내며 엘리엇의 공세를 막아냈고 엘리엇은 현재 모든 소송을 끝내고 철수 단계에 있다.

이 과정에서 삼성물산은 7월 17일 합병을 위해 개최하려는 주주총회 때 엘리엇이 합병을 무산시키려 한다면서 텔레비전과 신문을 비롯한 수많은 매체를 이용해 홍보전을 전개했다. 삼성물산과 제일모직이 합병을 통해 새로운 성장 동력을 확보하고 글로벌 경

쟁력을 갖춘 한국의 대표기업으로 다시 태어나고자 한다는 내용
까지 담았다. 결국 과거와 마찬가지로 국민들에게 일종의 애국심
으로 호소한 것이다.

문제가 생길 때마다 정부에 요청하거나 호소하지 말고 문제가
생기기 전부터 국민의 마음을 만족시키는 기업과 3세 경영인이 되
라고 요구해야 한다.

정부의 역할

우산장수 아들과 짚신장수 아들을 둔 어머니는 눈물이 마를 날이 없다고 한다. 비가 오는 날이나 햇볕이 쨍쨍 내리쬐는 날이나 모두 아들들 걱정이 가실 날이 없기 때문이다.
그러나 요즘은 어머니(정부)가 돈이 많은 짚신장수 아들(기업)만 지나치게 끼고 돌아 우산장수 아들(국민)의 불만이 크다.

기업에 문제가 생기면 임직원과 협력업체 일자리가 줄어든다는 말을 자주 한다. 그렇다면 '기업이 안정적으로 운영되고 있을 때는 협력업체가 그에 맞는 대우를 받는가?'라는 물음에 그렇다고 말할 수 있을까?

모든 일을 기업 하나가 할 수 없는 특성상 기업에서는 협력업체와 손을 잡는다. 협력업체 입장에서는 기업이 주는 일감을 통해 영업과 판매 통로를 확보한다는 장점이 있다. 그러나 하청을 준다는 빌미로 뒤에서 불공정한 계약을 맺는 것도 사실이다. 또한 위험하거나 어려운 일은 협력업체에 무조건 맡긴다.

그나마 제대로 된 비용이라도 주면 덜 하겠지만 협력업체를 선정할 때 최저가 입찰방식을 고수하니 그 과정에서 정말 필요한 비용이 책정되기 힘든 구조다. 예산 절감이나 재정 건전성 확립을 위해 최저가 입찰로 진행되는 용역은 결국 고스란히 협력업체의 몫으로 돌아가 버린다. 어느 순간부터 불공정한 계약을 통해 협력업체의 용역과 노력은 싼값에 취하면서 위험하고 어려운 일까지 맡겨 리스크를 줄이는 것이 기업 경영에 있어 하나의 룰이 되었다. 가끔 안전사고가 난 원인을 보면 대부분 하청에 하청을 주면서 말도 안 되는 비용만 주기 때문이다. 제일 마지막에 하청받은 업체 입장에서 줄일 수 있는 부분은 인건비밖에 없으니 '2인 1조'여야 하는 일을 1명이 하거나 10명이 할 일을 5명이 하게 되면서 사고가 나는 환경이 만들어지는 것이다.

그러나 이런 구조는 장기적으로 볼 때 대기업에도 유리하지 않다. 대기업이 모든 일을 할 수 없는 상황에서 협력업체의 경쟁력은 곧 대기업의 경쟁력으로 이어진다. 그러나 협력업체가 경영상에 위협을 받는다면 인력 충원이나 투자 진행 등 자금이 들어가는 일은 회피할 것이다. 이런 흐름이 계속되면 협력업체의 생산성이나 경쟁력은 떨어질 수밖에 없다.

전자산업부문에서 우리나라 제품을 따라오는 중국의 속도가 가히 위협적이다. 중국의 부품협력업체들은 하루가 다르게 경쟁력을 키우며 발전을 거듭하고 있지만 우리나라의 부품협력업체들은 제대로 된 성장을 못 하기 때문이다.

우리나라는 지금도 비정규직, 계약직, 파견직 등의 이름으로 협력업체의 건강한 생태계가 위협받고 있다. 하지만 중국 정부는 불공정 거래를 인정하지 않으면서 근로기준법의 보호 아래 일한 만큼 정당한 대우를 받도록 하고 있다.

2009년 노벨 경제학상 수상자인 윌리엄슨 교수는 '거래비용이론'이라는 말을 인용해 "미래 경쟁에서 공정에 대한 국가의 규제 강화와 상생에 대한 준비가 없는 기업이나 국가는 생존하기 어렵다"라고 역설했다.

지금 눈에 보이는 열매에 급급한 것이 아니라 상생을 통해 생태계를 건강하게 하면서 모두가 윈윈할 수 있는 방법을 찾는 노력이 필요하다.

:: 미국과 일본에서 먼저 실시한 제도 ::

2011년 4월 당시 동반성장위원회의 정운찬 위원장은 초과이익공유제 간담회에서 "초과이익공유제는 반시장주의가 아니고 건강한 경제 시스템을 만들자는 의도"라고 말했다. 또한 지난 50년간 대기업은 정부의 도움을 아주 많이 받은 덕분에 성장했으니 이제 동생격인 중소기업들이 잘 성장할 수 있도록 도와줘야 한다고 말했다. 그러나 정운찬 위원장의 이 같은 발언은 일단 재벌에게 심한 거부감을 준 것 같다. 삼성그룹의 이건희 회장이 초과이익공유제에 대해 "어느 경제학 교과서에도 본 일이 없다"라고 말한 것이 대표적이다.

이건희 회장의 말은 당연한 의견일 수 있다. 왜냐하면 당장 초과이익공유제를 실천하기 위해서는 초과이윤이 무엇인지 개념부터 만들어야 하기 때문이다. 도대체 기업 입장에서 얼마의 이득을 얻어야만 초과이윤을 달성한 것인지 그 누구도 정확하게 기준을 만들기 힘들며 초과이윤을 측정할 방법도 모호하다고 할 수 있다.

그러나 성과공유제는 이미 일본의 토요타자동차가 부품협력업체와 완제품의 경쟁력을 높이기 위해 도입했던 제도다. 부품의 모듈화 등을 통해 부품 가격 인하에 성공하고 새로운 기술 혁신에 도달할 경우 여기에서 발생하는 성과를 본사, 부품업체, 소비자가 3:3:3으로 공평하게 나누는 방식이다.

이익공유제도도 미국의 크라이슬러, 캐리어, 다나코퍼레이션 등이 시행하고 있는데 대기업과 협력사들이 연초에 목표로 설정했던 이익을 달성하면 그 초과이익을 배분하도록 하는 제도다.[19]

초과이익공유제는 지금 상황에서 당장 실현할 수 없을지 모른다. 그러나 사회적으로 이것에 대한 논의는 필요하다. 이런 논의를 통해 대기업과 협력업체가 동반성장해야 한다는 의식이 확산되는 것만으로도 의미 있는 일이다.

:: 개선되지 않는 양극화 현상 ::

새누리당에서 20대 총선이 실시되기 전에 국민들이 우선적으로 생각하는 시대정신에 관한 자체 여론조사를 실시한 일이 있었다. 그 결과, 예상을 깨고 사회 격차 해소(52.7%)가 경제 성장(43.1%)을 앞서는 것으로 나타나 20대 총선의 정책 화두로 공정과 복지, 격차 해소가 제시됐다고 한다.

우리나라 국민총소득에서 가계소득이 차지하는 비중은 2000년 69%에서 2012년 62%로 내려갔다. 그러나 기업소득은 17%에서 23%로 증가했으며 연평균 증가율에서도 기업소득은 7.5%였으나 가계소득은 2.4%에 그쳤다. 이런 현상이 계속되면서 1980년대 중소기업 노동자의 임금 수준은 대기업 노동자의 90% 정도에 달했으나 2014년경에는 60% 정도에 머물고 있다.[20]

이와 관련해 대기업과 중소기업 간의 격차 해소가 이슈로 떠오르자 정부는 그동안 여러 가지 제도를 개선했으며 처벌대상까지 규정했다. 그러나 아직 이와 관련해 처벌을 받았다는 재벌의 이야기는 없는 것 같다.

대기업과 협력업체의 동반성장은 일방적으로 어느 한 곳이 성장하는 구조가 아니다. 중소기업이 단단하게 허리를 받치면 그 위에 있는 대기업이 단단해진다. 그러나 지금처럼 대기업이 성장의 과실을 독식해서는 중소기업이 단단하게 뿌리를 내릴 수 없다. 정부에서 이 사실을 기억하고 동반성장을 위한 진지한 고민과 정책을 마련해주길 기대한다.

언론의 역할

언론의 역할은 파수꾼이라는 말로 정리할 수 있다. 개인이나 집단에 문제가 생겼을 때 이를 가장 먼저 알리고 개선할 수 있는 계기를 만들어주는 역할이다. 언론이 지금 그 역할을 제대로 하고 있는지 생각해보자.

기자는 기업이나 정부 부처의 보도자료를 바탕으로 기사를 쓰거나 취재를 통해 기사를 쓴다. 국민이 몰랐던 사실을 알리는 기사는 대부분 기자가 스스로 취재해서 쓴 것이다.

그런데 요즘 보도자료에 의존해 만들어진 기사가 너무 많은 것 같다. 기자 입장에서야 출입처에 일일이 전화하고 인터뷰하는 것이 비효율적이라는 이유를 들겠지만 만일 어떤 문제에 대해 해당 기업에 유리한 내용이 담긴 보도자료만 보고 기사를 썼다면 국민은 한쪽 정보만 알게 된다. 또한 보도자료만 갖고 쓰면 언론사의 이름만 다를 뿐 내용은 똑같아 보이는 기사가 수십 개, 수백 개가 생긴다.

10여 년 사이에 매체의 수가 기하급수적으로 늘어나자 일부 매체에서는 노골적으로 기업에 유리한 기사를 내주겠다며 광고를 요구한다. 말을 들어주지 않으면 해당 기업을 비방하는 기사를 싣기도 한다. 요즘은 기업과 언론의 중간에서 미디어 케어(Media Care)를 해주는 홍보 대행사도 생겼다고 한다. 홍보 대행사는 기사 작성 편의를 위한 각종 자료를 만들어 기자들에게 제공한다. 기자들은 홍보 대행사의 자료를 인용하면 된다.

이러한 상황이 반복되면 결국 기업은 언론이 반(反)기업적인 기사를 쓰지 않도록 단속할 수 있게 된다. 언론의 기능이 막혀 버리는 것이다.

:: 재벌이 듣고 싶은 말만 한다면? ::

지금은 고인이 된 〈조선일보〉 방우영 상임고문은 1965년에 삼성그룹이 〈중앙일보〉를 창간할 움직임을 보이자 이병철 전 회장에게 다음과 같이 말했다.

"재벌이 어떻게 신문을 만듭니까? 나랏돈 갖고 돈 번 사람이 정부를 비판할 수 있겠습니까? 신문 사업이란 것이 돈벌이와는 거리가 멀어 우리도 겨우 먹고 살기 바쁩니다. 재벌이 왜 신문에까지 손을 대려고 합니까? 그럴 돈 있으면 신문에 광고나 많이 내 신문사를 도우십시오."[21]

지난 정부에서 미디어 관련 법의 개정으로 신문사도 방송사를 가질 수 있는 길이 열렸다. 그 결과, 2011년 12월 JTBC, 채널 A, TV 조선, MBN 등의 종편이 개국했다.

이 종편에는 보수신문 외에 대기업들이 참여한 것으로 알려져 있다. 그래서 종편 개국을 불편하게 보는 눈이 있다. 파수꾼 역할을 해야 하는 언론이 기업과 재벌의 돈으로 운영된다면 제대로 된 기사를 내보낼 수 있겠느냐는 우려 때문이다. 결국 재벌이 듣고 싶은 이야기만 하면 언론이 제대로 된 역할을 할 수 없을 것이다.

우리나라 광고 시장에서 재벌의 영향은 절대적이다. 2010년 경제개혁연대의 조사에 따르면, 삼성, 현대차, LG, SK 등 4대 그룹이 4대 매체 광고시장에서 차지하는 비율은 무려 12.57%였다.

언론은 사회를 바라보는 창이 된다. 친(親)기업적인 기사가 아니라 국민들이 반드시 알아야 하는 정보와 기사를 생산하는 언론이 되어주길 바란다. 보도자료는 참고만 할 뿐, 발로 뛰고 마음으로 공감하는 기사를 생산하는 언론의 역할 또한 기대한다.

부록

재벌의 탄생

금호그룹 금호아시아나 1

대한한공과 숙명의 라이벌인 아시아나항공을 갖고 있는 금호그룹 창업주는 박인천 전 회장으로 '금호'라는 그룹명은 박인천 회장의 호다.

창업주 대부분이 젊은 시절에 사업을 시작한 것과 달리 박인천 전 회장은 46세 때에 창업했다. 공무원으로 순탄하게 지냈지만 사업에 대한 미련이 있던 박인천 전 회장은 주변의 만류에도 불구하고 택시 2대를 사서 광주택시를 설립했다.

광주택시는 창업하자마자 큰 인기를 끌었다. 성공의 비결은 자동차 정비였다. 당시 도로는 비포장 자갈길이어서 차가 고장 나는 일이 흔했다. 그런데도 차량들 대부분은 제때 정비를 하지 않아 운행 중에 고장 나는 경우가 비일비재했다. 하지만 박인천 전 회장은 창업 초창기부터 자동차 정비에 만전을 기했고 그 결과 고객들에게 광주택시는 차가 고장이 나지 않는다는 인식을 확실히 심어주었다. 택시사업으로 번 돈을 바탕으로 1949년 '광주여객(현 금호고속)'을 설립해서 버스사업까지 시작했다.

한국전쟁이 난 상황에서도 움직일 수 있는 차를 구해서 수리한 뒤 손님을 태운 노력 덕분에 다른 버스회사는 손님이 없다고 아우성이었지만 광주여객에는 손님이 넘쳐났다. 이처럼 광주여객이 성공을 거둔 것에는 전라도민들의 애향심도 한몫을 했다. 전라도지역이 아닌 경우에도 고향이 전라도인 사람들이 앞장서서 광주여객을 이용했기 때문이다.

1960년에는 금호타이어를 설립했고 이후 건설과 금융 등 다양한 분야로 진출하며 1988년 아시아나항공을 세우는 기틀을 마련했다. 그러나 박인천 전 회장은 1984년에 타계해 아시아나항공의 설립을 지켜보지는 못 했다.

대림그룹 DAELIM

대림그룹은 대림산업을 중심으로 고려개발, 삼호, 대림자동차공업 등의 계열사를 둔 기업이다. 창업주 이재준 명예회장은 근검절약을 중시하고 화려한 것을 싫어했으며 친지들의 행사에는 꼭 참가해도 외부 모임에는 좀처럼 모습을 나타내지 않는 보수적인 기업인으로 알려져 있다. 건설공사 현장을 시찰할 때도 구부러진 못 하나가 떨어져 있으면 불호령을 내리는 등 부하 직원에게 틈만 나면 절약을 강조했다고 한다.

대림그룹의 시작은 이재준 명예회장이 1939년 인천 부평역에 목재와 건자재를 파는 부림상회를 열면서였다. 자본금 3만 원과 종업원 7명으로 출발한 부림상회는 원목을 개발하며 성장했다. 그러던 중 1947년 부평경찰서 신축공사에 참여하면서 토건업에 진출했고 같은 해 대림산업으로 상호를 변경했다.

대림그룹은 1960년대 베트남, 태국 등 동남아시아의 건설 수주를 따 내고 1970년 중동건설 붐에 발맞춰 사우디아라비아 등 해외 건설사업에 적극적으로 참여하며 세계적인 건설회사로 자리 잡았다. 해외 건설에 대한 적극적인 사업 추진으로 1984년 해외 건설 50억 달러 수출탑 상을 받았다.

종합건설사업을 토대로 성장한 대림그룹은 1979년 호남에틸렌을 인수하여 석유화학사업에 진출했고 1981년에는 기아기연공업을 인수한 이듬해 대림공업과 합병하여 대림자동차공업을 설립했다. 다양한 분야의 건설에 참여하여 발전을 거듭하고 있으며 아파트 브랜드는 'e편한 세상'이다.

대상그룹 **DAESANG**

대상그룹의 창업자는 임대홍 전 회장이다. 1920년 정읍에서 5남 1녀 가운데 장남으로 태어난 임대홍 전 회장은 어릴 때부터 탐구력이 남달랐다. 25살이던 1945년 정읍에 피혁공장을 차린 것이 첫 사업이었으나 크게 성공하지는 못했다. 무역회사를 세운 후 일본을 왕래하던 중에 일본 조미료인 아지노모도가 우리나라에서도 크게 성공하는 것을 보고 직접 일본에 가 1년 동안 조미료 제조공정을 익히고 돌아왔다.

돌아와서 1956년 1월 세운 것이 현재 대상그룹의 전신인 '동아화성공업주식회사'다. 우리나라 최초의 조미료 공장인 이 공장에서 임대홍 전 회장이 직접 개발한 제품이 바로 '미원'이다. 이후 비약적인 발전을 이루던 미원은 제일제당과 치열하게 경쟁했다.

제일제당은 인공 조미료의 원조인 미원에 대항하기 위해 미풍을 내놓았으나 성공시키지 못했다. 몇 년 후 다시다를 내놓았고 대상에서는 감치미를 내놓았다. 이렇게 조미료를 두고 경쟁관계였던 삼성그룹과 대상그룹은 이재용 부회장과 임세령 씨(임대홍 전 회장의 손녀)가 결혼하면서 정리가 되었다(이후 두 사람은 이혼했다).

지금은 대상그룹과 삼성그룹 간에 경쟁이 벌어지지 않는다. 왜냐하면 제일제당이 CJ그룹으로 넘어갔기 때문이다. 그래서 대상그룹과 CJ제일제당과의 경쟁은 청정원과 해찬들을 통해 식품업계에서 벌어지고 있다.

임대홍 전 회장은 1970년대에 인도네시아에 진출해 세운 6개 계열사를 '제2의 미원그룹'으로 탄생시켰고 베트남, 중국, 미국, 유럽에도 제품을 수출했다. 또한 호남식품, 한남화학, 내쇼날합섬, 백광화학, 미원통상, 미원수산 등을 설립했다. 1987년 그룹 회장직을 장남인 임창욱 회장에게 물려준 후 실험실에서 제품 개발에 매진했다.

당시 회장들 가운데 검소한 것으로 소문이 나서 구두도 평생 두 켤레 이상

가져본 적이 없다는 말이 있을 정도였다. 대상그룹을 일본의 아지노모도, 미국의 ADM과 더불어 세계 발효시장 3대 메이커로 만든 임대홍 전 회장은 2016년 4월 5일 96세의 나이로 타계했다.

동국제강 DK DONGKUK STEEL

동국제강을 세운 장경호 전 회장은 독실한 불교집안에서 태어나 '비록 출가는 하지 않지만 세속에서도 출가자와 같은 삶을 살겠다'라고 마음을 먹은 후 평생 술, 담배, 고기를 입에 대지 않았다.

장경호 전 회장의 첫 사업은 1929년에 세운 대궁양행이었다. 철과 관련된 사업을 시작한 것은 1949년에 설립한 조선선재를 통해서였다. 한국전쟁 후 복구를 위해서는 못과 철사가 절대적으로 필요했는데 이 특수를 누려 돈을 긁어모으다시피 했다. 이 돈으로 1954년 설립한 기업이 동국제강이다.

한국전쟁 후 자신이 만든 못과 철사로 건물이 지어지고 나라가 재건되는 것을 보면서 쇠를 다루는 철 사업이야말로 국가 경제에 기여할 수 있는 사업이라고 판단하고 평생 동안 철강 사업에 매달렸다.

장경호 전 회장은 상당히 모범적인 생활을 했다. 허름한 가옥에서 늘 근검절약하며 살았지만 사업에 대한 투자만큼은 과감하게 진행했다. 가족들에게 "동국제강은 나의 것도 너희들의 것도 아니다. 이 나라의 부강과 민족을 위해 세웠으니 이 나라의 것이요, 회사에서 일하는 사람들이 없었으면 존립할 수 없었으니 그들의 것이다"라는 말을 했다고 한다. 그 말처럼 장경호 전 회장은 사재 30억 원을 사회에 환원했다.

동부그룹 ❋ Dongbu

'아름답게 솟아 오른다'는 뜻의 미륭건설로 시작했다. 창업주인 김준기 회장은 국회부의장을 지냈던 부친을 둔 유복한 정치 가문의 장남이었다.

정계 입문을 원했던 부친의 의지를 뒤로 하고 고려대 경제학과 4학년 재학 시절, 자본금 2400만 원과 직원 2명으로 회사를 세웠다. 20대이던 1971년 여객 운송업체인 동부고속을 설립하고 이듬해 동부관광과 동부상호신용금고를 세웠다.

1973년 해외사업부를 신설한 이후 1975년 사우디아라비아의 주베일 해군기지 건설공사를 4500만 달러에 수주하면서 1970년대 중동건설 붐에 뛰어들었다. 1980년 중동에서 철수할 때까지 5년 동안 20억 달러를 벌어들였고 건설업계 도급 순위 10위권에 진입했다. 건설의 급성장을 바탕으로 1980년 한국자동차보험을 인수하면서 금융사업에도 진출했다.

1990년 다양한 영역으로 사업을 확장한 동부그룹은 창업 20여 년 만에 재계 순위 20대 그룹에 진입했고 1997년 외환위기 때에는 1개의 퇴출기업도 만들지 않으며 탄탄한 성장을 계속했다. 2000년대에는 재계 순위 10위로 올라섰고 반도체사업에도 뛰어들었다.

2013년 후반부터 재무건전성 악화로 위기설이 퍼졌지만 강도 높은 구조조정을 실시하고 건전성 확보에 매진한 결과, 다시 한 번 비상을 꿈꾸고 있다.

두산그룹 DOOSAN

두산그룹의 첫 시작은 박두병 전 초대회장의 아버지인 박승직 씨로부터 시작되었다고 봐야 한다. 박승직 씨는 19살부터 보부상을 했다. 점점 규모를 확대하다가 제물포에서 직접 외국 상품을 구입해 팔면서 크게 성공했다.

1896년 포목상인 '박승직상점'을 개설하면서 포목 도산매를 시작했다. 그런데 박승직상점이 유명해진 것은 전혀 다른 업종에서였다. 그의 아내가 만든 '박가분'이 선풍적인 인기를 끌었다. 이후 박승직 씨는 본업을 제쳐두고 상표 등록까지 하면서 이 사업을 본격화했다. 가내수공업형태로 시작했지만 어느새 하루에 1만 개 이상을 파는 기업체가 되었다. 하지만 부착력을 좋게 하려고 넣은 납 성분이 몸에 좋지 않다는 소문이 퍼지면서 결국 1937년 시장에서 사라졌다.

1933년에는 소화기린맥주주의 설립에 참여했고 1945년에는 아들인 박두병 전 회장이 주주로 참여했다. 그리고 1948년 동양맥주로 상호를 변경하고 박승직상점도 '두산상회'로 이름을 바꾸면서 두산그룹이 시작하게 된다.

두산그룹은 2000년 이전까지는 주류 등의 소비재사업이 중심이었으나 2000년 12월 한국중공업을 인수한 이후부터 중공업 중심으로 재편했다.

2016년 3월 박용만 당시 회장이 큰조카인 박정원 회장을 그룹 회장으로 지명함에 따라 4세 경영이 시작되었다.

롯데그룹 LOTTE

롯데그룹의 모기업은 롯데제과지만 사실 시작은 비누였다. 1922년 5남 5녀 가운데 장남으로 태어난 신격호 총괄회장은 1941년 일본으로 건너간 후 와세다고등공업학교 화학과를 졸업했다.

일본으로 갈 당시에는 작가 지망생으로서의 청운의 꿈이 있었지만 일본에서 생활하려면 일을 할 수밖에 없었다. 그러던 어느 날, 성실한 신격호 총괄회장을 눈여겨보던 일본인이 5만 엔을 출자할 테니 공장을 차리라고 제안했다.

1946년 도쿄에 히카리특수화학연구소를 차렸다. 커팅오일을 응용해 비누와 크림을 만들었고 이후 이런 화학기술을 바탕으로 껌을 만들었다. 껌으로 큰 성공을 이룬 신격호 총괄회장은 1948년 롯데를 세웠다. 작가 지망생의 꿈은 버렸지만 소설 《젊은 베르테르의 슬픔》 속 여주인공 이름인 샤롯데에서 회사 이름을 따왔다.

1948년 만들어진 추잉껌은 롯데그룹이 만들어진 원동력이자 그룹의 대표상품이 되었다. 1967년 신격호 총괄회장은 국내에 롯데제과를 세웠고 1970년에는 국내 최대 식품기업이 되었다. 이후 롯데그룹은 롯데호텔, 롯데햄, 롯데우유 등을 잇달아 세웠고 지금은 유통, 관광, 식품, 스포츠, 금융, 서비스 등 전방위 분야에 진출해 있다.

삼성그룹 SAMSUNG

삼성그룹의 시작은 협동정미소다. 경남 의령 출신의 이병철 전 회장의 가문은 대대로 의령과 진주지역 일대의 대지주였다.

1929년 와세다 대학교 정치경제학과에 입학했으나 각기병이 심해져 학업을 중단하고 귀국했다. 이후 사업에 뜻을 두고 1936년 첫 사업으로 고향친구인 정현용, 박정원과 함께 협동정미소를 운영했으나 중일전쟁의 여파로 실패했다.

1938년 대구에서 삼성상회를 설립한 후 1941년에는 주식회사로 개편, 청과류와 어물 등을 중국에 수출했다. 1942년에는 조선양조를 인수했고 1947년 삼성물산공사를 설립해 무역업에 착수하면서 본격적인 사업에 뛰어 들었다.

무역업을 위해 세운 삼성물산(1951년)을 시작으로 제일제당(1953년), 제일모직(1954년) 등이 크게 성공했다. 제조업에서 성공을 거둔 이후 사업영역을 확장해 신세계백화점, 안국화재 등을 인수했다. 1964년에는 한국비료를 인수했고 동양방송을 세웠다.

1987년 이병철 전 회장이 사망하자 3남인 이건희 회장이 그룹을 이어 받았다. 범삼성가 그룹으로는 장녀 이인희 고문의 한솔그룹, 차남 이창희 전 회장의 새한그룹, 막내딸 이명희 회장의 신세계그룹, 이재현 회장의 CJ그룹 등이 있다.

쌍용그룹 S SSANGYONG

쌍용그룹 창업주 김성곤 전 회장의 첫 번째 사업은 비누공장이었다. 1940년 일본인이 운영하던 공장을 지인 2명과 함께 인수하면서 회사 이름도 3명이 공동으로 투자했다는 의미로 삼공유지합자회사로 지었다.

직원 10여 명으로 출발한 자그마한 회사였는데 비누사업은 무모한 도전이라는 의견이 당시에 많았다. 그러나 가장 큰 문제였던 원료 조달 문제를 해결한 후부터는 없어서 못 팔 정도로 성공을 거두었다.

이후 방직산업에 도전하기 위해 금성방직을 설립했다. 옷은 누구나 입어야 하고 사회가 안정될수록 의류에 대한 수요가 높아질 것이라는 판단 때문이었다. 설립 2년 만인 1950년에 자본금이 10배 이상 불어나는 대규모 방직회사로 성장함으로써 훗날 쌍용그룹의 모체가 되었다.

국민대학교를 인수하고 1962년에는 쌍용양회를 설립했다. 연간 40만 톤을 생산하는 영월공장을 준공해 한국 시멘트산업의 선두주자가 되었다. 그리고 제지, 해운, 정유, 중공업, 건설 등 산업화시대가 요구하는 기초 기간산업을 중심으로 발전했다. 계열사로는 쌍용건설, 쌍용제지, 쌍용자동차, 쌍용중공업, 쌍용엔지니어링 등이 있었으나 외환위기 이후 구조조정을 실시하면서 사실상 그룹은 해체된 것으로 본다.

아모레퍼시픽그룹 AMOREPACIFIC

아모레퍼시픽의 모체는 1945년 세워진 국내 첫 화장품 제조회사 태평양화학공업사다. 창업주 서성환 전 회장은 보통학교를 졸업하자마자 어머니를 도와 동백기름과 미안수, 크림, 가루분 등을 직접 만들어 팔았다. 1941년에는 개성 최초의 김재현백화점에 화장품부 코너를 개설하기도 했다.

광복 후 서성환 전 회장은 서울로 내려와 남대문시장 부근 남창동에 자리를 잡아 태평양화학공업사를 설립했다. 그리고 어머니를 통해 배운 의(義), 신(信), 실(實)이라는 개성상인의 정신과 품질 우선을 경영철학으로 삼아 첫 제품 메로디 크림을 선보였다. 메로디 크림은 선풍적 인기를 끌었다.

"과학과 기술에서 우위를 확보해야 세계 선두기업으로 도약할 수 있다"라고 항상 말했던 서성환 전 회장은 1954년 화장업계 최초의 연구실을 만들었다. 첫 개발상품인 ABC 100번 크림, ABC 분백분이 연이어 히트하며 큰 성공을 거두었고 이후 태평양화장품판매를 설립했다.

1964년 방문판매를 도입했다. 방문판매는 여성들, 그중에서도 수많은 한국전쟁 미망인들에게 일자리를 만들어줬으며 이를 바탕으로 화장품업계의 선두로 자리매김하게 되었다. 방문판매는 한동안 국내 화장품 판매방식의 대세가 됐다.

품질과 기술력을 중요시하는 아모레퍼시픽은 1966년 세계 최초 한방화장품 ABC 인삼크림을 만들었고 1973년 사포닌 성분을 안정화시킨 진생삼미를 출시했다. 진생삼미는 일본과 영국, 캐나다 등으로 수출되었다. 한방화장품에 대한 지속적인 연구는 아모레퍼시픽의 대표상품 설화수를 탄생시켰다. 설화수는 국내 화장품 중에서 처음으로 단일 품목 매출액 5000억 원을 넘어섰다.

현재 아모레퍼시픽그룹은 업계 1위이며 주요 브랜드로는 아모레퍼시픽, 설화수, 헤라, 아이오페, 한율, 라네즈, 마몽드, 리리코스, 프리메라, 베리떼, 미래파, 오딧세이 등이 있다.

포스코 posco

포스코의 시작은 자본금 4억 원의 국영기업으로 설립된 포항종합제철이었다(2002년에 포스코로 사명을 변경했다). 1960년대 경제 발전이 가속화되고 본격적인 산업화에 들어서며 철강이 필요했다. 도처에 세워지는 건설의 자재로써도 철강은 중요하지만 전자나 기계산업에 필요한 부품을 생산하는 데도 꼭 필요한 자재였다.

당시 박정희 정권은 근대산업의 바탕이 되는 철강사업을 국가 산업으로 삼고 종합제철소 건립에 적극적으로 매달렸다. 그러나 건립은 순조롭지 않았다. 두 번에 걸친 공장 건립 추진은 연이어 실패했고 국제철강협회의 지원도 받을 수 없었다. 결국 해외자본을 유치하기로 하고 1968년 3월 대일청구자금과 일본수출입은행 차관 등 대부분의 자본과 기술을 일본에게 받으며 대한민국 최초의 철강공장이 세워졌다.

포항종합제철의 초대 사장으로 박태준 명예회장이 임명되었다. 박정희 전 대통령과 같은 군 출신이었던 박태준 명예회장은 포항종합제철을 세계적인 기업으로 키워낸 한국의 철강왕으로 불리고 있다.

대규모 강철 제조 기술에 관한 지식이 전혀 없었음에도 불구하고 '우향우(右向右) 정신'으로 사상 유례가 없는 기적을 만들어냈다. 1976년 용광로 2기를, 1978년 3기를, 1981년 4기를 준공하며 연간 생산량 850만 톤의 능력을 가진 대형 철강업체로 성장한 것이었다. 당시 인도, 브라질 등의 나라가 4~9년에 걸쳐 제철소를 짓는 것에 비해 놀라운 성과였다.

1983년 세계 10대 철강업체에 진입했다. 그리고 현재 7년 연속 '세계에서 가장 경쟁력 있는 철강사' 1위 자리를 지키고 있다.

한진그룹 🄷 HANJIN

한진그룹은 트럭 1대로 시작되었다. 한진그룹을 창업한 조중훈 전 회장은 17살에 일본으로 건너가 고베에 있는 선박회사에서 일하며 돈을 모았다.

광복이 되자 일본에서 모은 돈으로 트럭 1대를 구입해 인천에 한진상사를 차렸다. 한진은 '길이 있는 곳에 한(韓)민족의 전진(進)이 있다'라는 의미로, 한국이 발전하는 곳에 한진상사가 있겠다는 포부가 담겨있다. 트럭 1대로 시작했지만 운송업에서 반드시 성공하겠다는 의지가 엿보이는 이름이기도 하다. 그 포부처럼 처음에는 잘 나갔다. 창업 5년 만에 종업원 40명과 트럭 15대를 보유할 정도였다. 그러나 한국전쟁이 벌어지면서 모든 것이 잿더미가 되었다.

조중훈 전 회장은 포기하지 않고 트럭 1대를 구입해 처음부터 다시 시작했다. 그런 끈기 덕분인지 예상치 못한 곳에서 행운을 만난다.

어느 날, 트럭을 몰고 가는 길에 차가 고장이 난 외국인 여성을 보게 된다. 조중훈 전 회장은 1시간이 넘도록 차를 살피다가 수리를 해줬다. 외국인 여성은 사례를 하겠다고 했지만 그는 거절했다. 주소라도 알려달라는 말에 주소만 알려주고 자리를 떠났다. 그런데 며칠 후 그 여성이 남편과 함께 조중훈 전 회장을 찾아왔다. 그 여성의 남편이 미 8군 사령관이었다.

아내를 도와줘 고맙다면서 어떻게 보답하면 좋겠냐고 물었다. 조중훈 전 회장은 "운수업을 하고 있습니다. 미 8군에서 나오는 폐차를 주면 그걸 수리해서 사업을 하고 싶습니다"라고 말했다. 이때의 인연으로 조중훈 전 회장은 미군 부대의 화물 수송 일을 맡으며 급성장할 수 있었다. 이후 미군 인맥을 활용해 베트남 꾸이년항의 미국 용역과 수송 작업을 따내면서 천문학적인 돈을 벌어들여 재벌 반열에 올라섰다.

1968년 2월에는 한국공항, 8월에는 건설회사인 한일개발(현 한진중공업)을 세우며 사세를 확장했다. 1969년 27억 원의 부채를 갖고 있던 만년 적자기업인 대한항공공사를 인수하며 어려움에 처했지만 과감한 투자와 국제선 개척을 통해 세계적인 항공사로 키워냈다.

조중훈 전 회장은 '창업주에게 은퇴란 없다'며 팔순의 나이에도 명예회장으로 물러나지 않고 현장에서 지냈다.

2002년 조중훈 전 회장이 작고한 후 계열 분리를 통해 대한항공 및 한진그룹은 장남인 조중훈 회장이, 한진중공업은 차남인 조남회 회장이, 한진해운은 3남인 조수호 회장이, 메리츠금융그룹은 4남인 조정호 회장이 맡게 된다.

한화그룹 ⊙ Hanwha

한화그룹의 시작은 다이너마이트였다. 한화그룹을 창업한 김종희 전 회장은 일제시절에 조선화약공판에서 근무하며 화약계에 발을 들여 놓았다.

해방 후 1952년 조선화학공판 입찰에 참여해 인수한 다음, 인천공장 입구에 한국화약을 세웠다. 이것이 지금 한화그룹의 전신이다.

1957년 다이너마이트 원료인 니트로글리세린을 만들고 아시아에서 일본에 이어 두 번째로 다이너마이트를 생산했다. 경부고속도로 착공 때 들어간 다이너마이트도 한국화약에서 판매한 것이다. 그때부터 김종희 전 회장은 '다이너마이트 김'이라는 별칭으로 불리기도 했다. 화약산업을 발판으로 한국화성공업(현 한화케미칼), 태평물산(현 한화그룹 무역 부문) 등을 설립하며 기업 영역을 확장했다.

경인에너지, 한국프라스틱공업 등을 설립하며 승승장구하던 중 1977년 이리역에서 한국화약의 화물 열차가 폭발하는 사고가 발생했다. 이 사고로 59명이 사망했고 1,300여 명이 다쳤다. 김종희 전 회장은 사고에 대한 책임을 전적으로 지고 전 재산을 피해 보상금으로 내놨다. 잘못을 떳떳하게 책임지겠다는 의미에서 본보기가 되는 행동이었다.

김종희 전 회장이 1981년 7월 갑작스럽게 타계하면서 장남인 김승연 회장이 그룹을 물려받았다. 1993년 상호를 한국화약에서 '한화'로 변경했다. 이후 제조·건설 부문과 함께 금융 부문, 서비스·레저 부문까지 사업영역을 넓히며 성장하고 있다.

현대그룹 ▲HYUNDAI

정주영 전 회장은 거북선이 그려진 옛 500원짜리 지폐와 울산 미포만 지도 한 장만으로 투자합작을 이끌어 냈고, 조선소도 제대로 갖추지 못한 상태에서 선박을 수주하여 기간 내에 납품을 했다. 그리고 서산 천수만 간척지 건설 당시 토사가 유실되자 폐유조선을 사용해 방조제 건설공사를 마치는 등 도전과 개척정신의 일화가 많은 입지전적인 인물이다.

현대그룹은 1950년에 정주영 전 회장이 현대자동차공업(1946년 설립)과 현대토건(1947년 설립)을 합병하여 만든 현대건설을 바탕으로 만들어졌다. 한국전쟁 중 미국 전시 긴급공사를 도맡으며 건설업에 본격적으로 뛰어들었고 전쟁이 끝난 뒤에는 제1 한강교, 한강 인도교, 인천항 등의 복구공사를 비롯해 굵직한 사업을 성공시키며 한국 최고의 건설사로 자리매김하게 되었다. 그 어느 기업보다 먼저 해외 진출에 눈을 돌린 현대그룹은 1965년 태국의 공사 건설로 해외 건설 1호를 기록했다. 이후 괌, 베트남 등을 거쳐 마침내 1975년 8월 중동에 진출했다.

이후 다양한 부문에 걸쳐 진출하면서 한때는 재계 1위까지 올랐다. 2세로 넘어가면서 계열 분리로 인해 현재 그룹의 규모는 축소되었다.

현대자동차그룹 ⊕ HYUNDAI

현대자동차그룹의 모태는 1940년대 초 정주영 전 회장의 '아도서비스'라는 자동차 수리공장이다. 아도서비스는 화재 등으로 문을 닫았지만 정주영 전 회장은 1946년 다시 현대자동차공업사를 설립하며 자동차사업의 기반을 쌓았다. 1967년 12월 포드와 제휴해 현대자동차를 설립하고 그 당시 현대건설에서 일하고 있던 동생 정세영 상무를 사장으로 임명했다. 1968년 울산에 연 500대를 생산할 수 있는 공장을 착공하고 본격적으로 자동차를 생산하기 시작했다.

현대자동차는 끊임없는 연구 · 개발을 통해 1974년 이탈리아 토리노의 국제자동차박람회에 국내 최초 고유모델 포니를 출품했다. 포니는 생산 자체가 불가능한 일부 품목을 제외하고 모든 부품이 국내 기술이었다. 포니를 통해 우리나라는 세계에서 16번째로 고유모델을 보유한 나라가 되었고 정세영 당시 현대차 사장은 '포니 정'으로 불렸다.

이후 1983년 스텔라, 1985년 엑셀, 1986년 그랜저, 1988년 소나타, 1990년 스쿠프, 엘란트라 등을 출시했고 1991년에는 국내 최초 독자기술로 알파엔진의 갤로퍼를 생산했다. 특히 1995년에 생산을 시작하여 현재까지 시판하고 있는 아반떼는 글로벌 누적 판매 1000만 대를 돌파했고 모스크바 모터쇼에서 최우수 차로 선정되기도 했다.

2005년부터 글로벌 100대 브랜드에 진입한 현대자동차는 2015년 전 세계에서 가장 많이 팔린 '글로벌 베스트셀링카 톱 100' 순위에 제너럴모터스(GM)와 폴크스바겐 등과 함께 13개 차종을 올리며 공동 1위를 기록했다.

효성그룹 ⑪ HYOSUNG

효성그룹을 창업한 조홍제 전 회장은 사실 삼성그룹의 모태인 삼성물산공사의 공동 설립자였다. 1906년 경남 함안군 동촌리에서 대지주의 아들로 태어난 조홍제 전 회장은 1945년 해방되던 해에 서울에서 이병철 전 회장을 만났다. 이병철 전 회장의 형인 이병각 씨와 조홍제 전 회장이 친구관계여서 두 사람은 이미 어느 정도 아는 사이였다.

당시 삼성상회를 하다가 무역회사를 세우기 위해 자금을 모으던 이병철 전 회장은 조홍제 전 회장에게 동업을 제의했다. 1949년 2월 조홍제 전 회장이 800만 환을 내고, 이병철 전 회장이 200만 환을 출자해 만든 회사가 지금 삼성그룹의 모기업인 삼성물산공사였다. 나이는 조홍제 전 회장이 5살 위였지만 사업 경험이 많은 이병철 전 회장이 사장을 맡고 조홍제 전 회장은 부사장을 맡았다. 이후 삼성물산공사는 나날이 성장했다. 이병철 전 회장은 경리 업무를, 조홍제 전 회장은 기술 도입과 물건 판매 등 실무적인 일을 진행했다.

1960년 이병철 회장이 동업관계를 청산하자고 제안했지만 당시 재산 배분 문제로 갈등을 겪었다. 조홍제 전 회장은 출자 지분 비율대로 나누자고 했지만 이병철 전 회장은 30%만 주겠다고 했다.

갈등이 이어지면서 1962년 13년간의 동업관계는 마무리된다. 제일제당을 조홍제 전 회장이, 삼성물산과 제일모직을 이병철 전 회장이 갖는 조건이었다. 이후 조홍제 전 회장이 차린 회사가 효성그룹의 모태인 효성물산이다. '효성(曉星)'이라는 이름에는 이병철 전 회장에 대한 조홍제 전 회장의 서운함이 담겨 있다. 별이 3개인 삼성보다 더 밝은 회사로 만들겠다는 의미에서 효성이라고 지었다고 한다.

제일제당을 넘겨준다는 이병철 전 회장의 약속은 지켜지지 않았고 결국 1965년 조홍제 전 회장이 한국타이어 주식 50%, 안국화재와 천일증권 주식 등을 받는 것으로 마무리가 되었다.

56세에 단독으로 사업을 시작한 조홍제 전 회장이 재미를 본 것은 동양나일론이었다. 울산에 나일론 공장을 차렸는데 섬유 수출이 너무 잘되어 그야말로 돈을 쓸어 담다시피 했다. 그 돈으로 한국타이어를 확장시켰고 대전피혁을 인수했다.

조홍제 전 회장은 장남인 조석래 회장에게 효성그룹을, 차남인 조양래 회장에게 한국타이어를, 막내인 조욱래 회장에게 대전피혁을 물려줬다.

CJ그룹

CJ그룹은 1958년 제일제당공업이라는 이름으로 세워진 이후 삼성그룹에서 분리되기 전까지 삼성그룹 계열사였다.

밀가루를 만드는 제분공장으로 시작한 제일제당(현 CJ제일제당)은 국내 최초로 일본 오키나와에 설탕 200톤을 수출하기도 했다. 1964년 미풍을 생산하며 치열한 조미료 전쟁을 치렀지만 이병철 전 회장이 자서전에 '세상에서 내 맘대로 안 되는 3가지는 자식 농사, 골프, 미원'이라고 썼을 정도로 결과는 좋지 못했다. 그러나 1975년 쇠고기와 파, 마늘, 양파 등 천연 양념을 배합한 종합조미료 다시다는 2~3년 만에 시장을 완전히 장악했고 2000년대 천연 재료를 앞세운 조미료들이 나오기 전까지 유일무이한 존재였다. 제약, 냉동식품, 건강드링크 사업에도 뛰어들며 성장을 거듭했다.

1993년 7월 삼성그룹은 계열사 정리계획을 진행하면서 제일제당과 제일냉동을 분리했고 이병철 전 회장의 장손인 당시 이재현 이사가 경영을 맡았다. 이후 독자 기업으로 분가하면서 새로운 기업으로 변신했다.

먼저 외식과 베이커리 사업을 시작하고 국내 최초 포장밥 햇반을 출시하며 새로운 식문화를 만들어 갔다. 특히 엔터테인먼트 사업으로의 진출은 식품회사였던 CJ그룹을 20년 만에 15배 이상의 양적 성장을 일으키며 최첨단·문화기업으로 괄목한 성장을 만드는 바탕이 되었다. 이 과정에서 사명을 제일제당그룹에서 CJ그룹으로 바꿨다. 초반에는 엄청난 적자를 기록해 그룹 내부에서도 부정적인 평가를 받았지만 지금은 국내의 대표적인 엔터테인먼트 및 미디어 기업으로 자리매김하게 되었다.

현재 CJ그룹은 생명공학, 식품 및 식품서비스, 엔터테인먼트 및 미디어, 신유통 부문을 중심으로 경영되고 있다.

GS그룹 ⊖ GS

GS그룹은 LG그룹에서 법적 분리된 에너지·유통사업 중심의 기업이다. LG그룹은 구인회 전 회장과 사돈이었던 허만정 창업주가 1947년 공동으로 창업한 이래 57년간 구씨 가문이 경영을, 허씨 가문이 안살림을 맡는 공동 경영형태로 분쟁 없이 경영되어 왔다. 그러다가 LG그룹에서 허씨 가문이 LG칼텍스정유, LG유통 등의 계열사를 넘겨받아 GS그룹으로 출범했다.

LG그룹을 이끈 것은 구인회 전 회장이지만 LG그룹의 출범에는 공동 창업자인 허만정 창업주의 기여도 크다. 경남 진양군 지수면 승산마을에서 태어난 허만정 창업주의 집안은 구씨 집안과 함께 그 일대의 큰 부자였다. 두 집안은 민족의식이 강렬했고 집안 남자들이 과거에 합격했다는 공통점 때문에 매우 가까이 지냈다.

백산상회를 세워 독립운동 자금을 대기도 했던 허만정은 육촌형제의 딸이 구인회 전 회장과 결혼하면서 구씨 가문과 인연을 맺게 되었다. 허씨와 구씨 가문은 이때부터 공동으로 경영하며 LG그룹의 초석을 다졌다.

LG그룹에서 분리된 GS그룹은 현재 GS칼텍스, GS에너지, GS리테일, GS홈쇼핑, GS건설, GS스포츠 등이 계열사로 있다.

LG그룹 ⊙ LG

　구인회 전 회장은 일제시대에 지금으로 치면 생활협동조합을 결성해 운영했다. 잡화를 파는 일본 상인을 유심히 지켜본 구인회 전 회장은 마을 청년들에게 (잡화를) 공동으로 구매하면 일본 상인에게 사는 것보다 훨씬 싸게 구입할 수 있다고 설득했다. 그의 설득에 따라 1929년 조직된 것이 '지수협동조합'이었다.

　협동조합 이사장을 하면서 유통 분야의 실무를 익힌 구인회 전 회장은 당시 소비 도시인 진주에 포목상인 '구인회상점'을 연다. 이 상점이 바로 지금의 LG그룹의 출발이다. 포목을 비수기에 싸게 사두었다가 성수기에 비싸게 파는 그의 전략은 적중했다.

　광복 후 부산에서 조선흥업사를 차린 후 구인회 전 회장은 일생일대의 기회를 만난다. 바로 화장품사업이었다. 처음에는 화장품을 사서 판매만 하다가 락희화락공업사를 설립해 '럭키표 크림'을 생산했다. '락희'는 '럭키(lucky)'라는 의미인데 그 이름처럼 행운이 따라와 사업 3년 만에 3억 원의 이익을 냈다. 이후 화장품업계의 1인자가 된 구인회 전 회장은 1958년 금성사를 설립하며 본격적인 LG그룹의 역사를 써내려갔다.

　인간 사이의 화합을 중시하는 '인화경영'을 기업 이념으로 삼고 있는 LG그룹은 구씨 가문과 허씨 가문의 동업이 57년간 이어지다가 2005년 허씨 가문이 GS그룹으로 분가했다. 이외에도 LG그룹에서 계열 분리된 그룹은 LIG그룹, LS그룹, LF그룹 등이 있다.

SK그룹의 출발은 직물회사인 선경직물이다. 창업주 최종건 전 회장은 18살인 1941년 일본인이 운영하던 선경직물 공장에 들어갔다. 입사 4개월 만에 생산조장으로 발탁될 만큼 탁월한 능력을 보였지만 최종건 전 회장은 월급쟁이만 하면 살 수 없다는 생각으로 회사를 나왔다. 그 후 인견사(인조 비단) 장사를 하며 돈을 모았다.

얼마 지나지 않아 기회가 찾아왔다. 한국전쟁으로 폐허가 된 선경직물을 일반인에게 판다는 소식이었다. 공장은 이미 잿더미가 되었지만 충분히 승산이 있다고 판단한 최종건 전 회장은 쓸만한 부품을 모으기 시작했다. 그가 공장을 인수한다는 소문이 돌자 흩어졌던 직원들도 모이기 시작했다.

아버지인 최학배 당시 의원에게 200만 환을 받아 1953년 10월 1일 선경직물을 창립했다. 직기 20대, 종업원 60명의 선경직물이 내놓은 '닭표 안감'은 짧은 시간 안에 동대문시장에서 최고의 값을 받는 인기 상품이 되었다. 최종건 전 회장은 사석에서 닭표 안감이 선경그룹(지금의 SK그룹)을 굴지의 기업으로 키운 바탕이 되었다고 얘기했다.

선경그룹이 대기업으로 부상하기 시작한 시기는 1966년 선경화섬을 설립하면서부터다. 좀 더 발전하기 위해서는 석유화학공업을 해야 한다는 생각으로 석유정제사업에 진출했다. 1976년 상호를 선경직물에서 선경그룹으로 변경했다. 그리고 1998년 선경그룹에서 SK그룹으로 변경했다.

1994년 민영화된 한국이동통신의 대주주가 되면서 이동통신사업에 진출했는데 지금의 SK텔레콤이다. SK텔레콤은 SK그룹에서 없어서는 안 될 대표적인 계열사로 자리매김했다.

주석

1 김종섭 외, 《정보화와 한국 경제의 성장》(교우사, 2002).

2 박은몽, 《너의 이름보다는 너의 꿈을 남겨라》(명진출판, 2010).

3 이병철, 《호암자전》(나남, 2014).

4 정주영, 《시련은 있어도 실패는 없다》(제삼기획, 2001).

5 「새롭게 보는 한국 경제 거목 정주영」, 〈글로벌 이코노믹〉, 2014. 6. 11.

6 「LG그룹 창업주 '구인회'」, 〈M매거진〉, 2016. 5. 26.

7 매일경제신문 산업부, 《반도체 이야기》(이지북, 2005).

8 이임광, 《사업은 예술이다: 정석 조중훈 이야기》(청사록, 2015).

9 http://blog.naver.com/PostView.nhn?blogId=greenmou&logNo=100014666405.

10 「현대家 잔혹사」, 〈주간동아〉(제1033호).

11 김문현, 《정주영은 살아있다》(솔, 2015).

12 「삼성, 태평로빌딩도 판다」, 〈서울경제〉, 2016. 4. 4.

13 「19년 만에 SK네트웍스 경영 복귀 최신원 회장」, 〈매경이코노미〉(제1854호).

14 「표창원 '기업살인법 추진할 것'」, 〈한국일보〉, 2016. 6. 2.

15 직원 위해 직접 나선 '흑기사' 회장님, 〈매일경제〉, 2016. 4. 21.

16 「한 財閥 3세가 보여준 새로운 희망」, 〈프리미엄 조선〉, 2014. 10. 1.

17 임영태, 《대한민국 50년사 1》(들녘, 1999).

18 「야권발(發) '법인세' 인상 불붙는다.」, 〈메트로〉, 2016. 6. 16.

19 「대기업 ― 중소기업 격차, 초과이익공유제 도입하자」, 〈오마이뉴스〉, 2016. 3. 18.

20 위와 같음.

21 방우영, 《나는 아침이 두려웠다》(김영사, 2008).

재벌 3세

2016년 8월 24일 초판 1쇄 인쇄
2016년 8월 31일 초판 1쇄 발행

지은이 | 홍성추
펴낸이 | 이준원
펴낸곳 | (주)황금부엉이

주소 | 서울시 마포구 양화로 127 (서교동) 첨단빌딩 5층
전화 | 02-338-9151
팩스 | 02-338-9155
인터넷 홈페이지 | www.goldenowl.co.kr
출판등록 | 2002년 10월 30일 제 10-2494호

본부장 | 홍종훈
편집 | 전용준, 홍종훈
디자인 | agentcat
전략마케팅 | 구본철, 차정욱, 나진호, 이동후, 강호묵
제작 | 김유석

ISBN 978-89-6030-468-0   03320

황금부엉이에서 출간하고 싶은 원고가 있으신가요? 생각해보신 책의 제목(가제), 내용에 대한 소개, 간단한 자기소개, 연락처를 book@goldenowl.co.kr 메일로 보내주세요. 집필하신 원고가 있다면 원고의 일부 또는 전체를 함께 보내주시면 더욱 좋습니다.
책의 집필이 아닌 기획안을 제안해주셔도 좋습니다. 보내주신 분이 저 자신이라는 마음으로 정성을 다해 검토하겠습니다.